불필요한
생 ── 각
버리기 연습

불필요한
생 —— 각
버리기 연습

스즈키 도시아키 지음
양필성 옮김

클랩북스

사람의 의식이 현실을 창조할 뿐
객관적인 사실 같은 건 존재하지 않는다.

닐스 보어Niels Bohr, 물리학자

머리말

그토록 다짐하고 노력해왔는데
왜 인생은 바뀌지 않을까

생뚱맞게 들리겠지만, 가장 먼저 하고 싶은 말이 있다.

당신의 인생은 바뀌지 않는다.
앞으로도 틀림없이 지금까지와 똑같은 인생이 계속될 것이다.

이 말을 듣고 당신은 어떤 생각을 할까? 아마 이렇게 반박할지
도 모르겠다.
"그럴 리 없어! 지금까지 내 인생은 내 의지로 개척해왔고, 앞으
로도 내가 원하는 대로 자유롭게 살 거야. 인생은 마음먹기에 따라
충분히 바꿀 수 있어!"
그렇다면 다음 질문에 대답해보라.

- 지금까지 다이어트를 결심했다가 실패한 적은 없는가?
- 멋진 몸을 만들려고 운동을 시작했는데 작심삼일로 끝난 적은?
- 자격증을 따려고 학원에 등록했지만 흐지부지된 적은?

'멋진 몸을 만들고 싶다', '성공하고 싶다', '다른 삶을 살고 싶다'라는 꿈을 꾸고, 그 꿈을 이루고자 얼마나 많은 다짐을 했던가. 헬스장에 등록하고, 책 100권 읽기를 시작하고, 사이드잡을 알아보고…. 아마 남 얘기 같지 않을 것이다.

잔인한 말 같지만, 아무리 성공에 관한 책을 읽어도 인생은 바뀌지 않고, 회사를 옮기거나 결혼을 해도 당신의 인생에 반전이 일어날 일은 없을 것이다. 계속 실패해온 사람은 앞으로도 계속 실패할 것이고, 소극적으로 살아온 사람은 앞으로도 소극적으로 살아갈 것이며, 건강에 대한 걱정이 많은 사람은 계속 건강을 걱정할 것이다.

왜 그럴까?

사람들은 자기도 모르는 사이에 인생의 '각본script'을 써놓고 그 각본대로 살기 때문이다. 당신도 예외가 아니다. 원했든 아니든, 당신은 각본에 맞춰 살아왔으며 앞으로도 그럴 것이다.

또 이런 일은 없었는가?

- 일이 잘 풀리다가 결정적인 순간에 꼬여버린다.
- 다 됐다고 마음놓고 있었는데 마무리 단계에서 실패한다.

이런 경험을 한 적이 몇 번은 있지 않은가? 그럴 때마다 당신은 운이 안 좋았다고 생각했을지 모르지만, 사실은 그것도 각본에 쓰여 있다. 당신은 단지 각본대로 연기를 했을 뿐이다.

"내가 실패하고 싶어서 실패한 게 아니야"라고 말하고 싶은가? 그러나 실패를 반복하는 사람은 실패를 반복하도록 프로그램되어 있다. 그 프로그램은 당신이 의도하지 않아도 작동한다.

왜 그런 각본이 만들어졌는지는 나중에 설명하겠지만, 여기서 말하고자 하는 것은 당신이 운 또는 운명이라고 믿는 것이 사실은 자신이 쓴 각본이라는 얘기다. 당신은 자기도 모르는 사이에 '나의 인생'이라는 각본대로 살고 있다.

만약 그 각본이 마음에 들지 않는다면 고쳐 써야 하지 않겠는가? 인생을 좀 더 좋은 방향으로 바꾸려면 이 방법밖에 없다. 아무리 확실한 성공 노하우를 얻었든, 많은 돈을 가지고 있든, 최고의 배우자를 찾았든 자신의 각본을 다시 쓰지 않는 한 인생은 근본적으로 달라지지 않는다.

당신을 속박하는 각본을 고쳐 쓰려면 어떻게 해야 할까? 각본은 수많은 고정관념으로 이루어져 있다. 한마디로, 각본은 고정관념이다. 그러므로 인생을 바꾸고 싶다면 마음속에 굳게 자리 잡은 생각이나 관념을 바꿔야 한다. 인생을 변화시키는 열쇠는 이제까지 자신을 속박해온 고정관념을 버리는 것이다.

이 책에서는 지금까지 당신을 지배해온 각본의 정체를 밝히고, 그것을 새롭게 다시 쓰는 방법을 이야기할 것이다. 각본은 수많은 고정관념으로 이루어져 있기 때문에 고정관념이 어떻게 만들어지는지를 먼저 이해하고, 그런 다음 거기서 벗어나는 법을 알아내야 한다.

나는 고정관념에 대해 20년 이상 연구해왔다. 중학교 2학년 때 문득 '나는 왜 나일까?'라는 생각이 들었다. 이게 무슨 뜬금없는 소린가 싶겠지만, 당시 나에게는 순수한 의문이었다.

왜 '나'는 여기에 있는 '나'이며, 옆에 있는 'ㅇㅇ'가 아닌 걸까? 왜 나는 운동에 소질이 없는 '나'이며, 운동을 잘하는 '△△'가 아닌 걸까? 나란 존재는 무엇일까?

고정관념을 탐구하는 나의 여정은 이 소박한 의문에서 시작됐다. 나의 정체를 이해하기 위해 심리학에 관심을 가지게 됐고, 마침내 나를 이해하는 키워드가 고정관념이라는 사실을 알게 됐다. 단적으로 말하면, 나라는 존재는 '마음이 만들어낸 고정관념'에 지나지 않는다. 마음이 없는 식물에 '나'라는 개념이 있을까? 따라서 고정관념의 정체만 밝혀낼 수 있다면 나를 이해할 수 있으리라는 생각으로 연구를 계속했다.

세상에는 '나를 바꾸고 싶다', '성격을 바꾸고 싶다', '인생의 흐름을 바꾸고 싶다'라고 생각하는 사람이 많다. 서점에 가면 그에 관한 책들도 많이 나와 있다. 하지만 '나'는 벼락치기 기술로 바꿀 수 있을 만큼 만만한 존재가 아니다. 생각 이상으로 단단해서 쉽게 바뀌지 않는다. 오히려 자신을 쉽게 바꿀 수 있다면 그게 더 큰 문제 아닐까?

지금의 상황이 불만족스러워 인생을 바꾸고 싶다면, 먼저 자신을 지배하는 고정관념이 무엇인지 이해하고 거기서 벗어나기 위해 노력해야 한다. 고정관념을 연구해온 나의 지식과 경험을 이 책에 모두 쏟아부었는데, 당신에게도 분명히 도움이 되리라고 믿는다.

본론으로 들어가기 전에 몇 가지 말해두고자 한다. 이 책은 되도록 많은 사람이 읽었으면 하는 바람에서 최대한 이해하기 쉽게 쓰려고 노력했다. 학자나 전문가가 보면 가볍게 느껴질지도 모르지만, 수많은 선인의 지혜를 빌려서 이론을 세웠음을 알아주기 바란다.

또 한 가지. 사람들은 원인을 찾아내거나 좋은 방법을 이해하면 금방 문제가 해결될 것처럼 생각하곤 한다. 그러나 이 책에서 소개하는 방법은 특효약이 아니다. 테니스든 스키든, 교재 한 권을 다 읽었다고 해서 곧장 잘하게 되는 건 아니잖은가. 이론을 이해했더라도 그것으로 끝이 아니다. 다양한 방법을 실천하고 시험해보며 자신에게 맞는 길을 찾는 것이 중요하다.

이렇게 말하는 나도 고정관념에 사로잡힌 사람이다. 고정관념을 떨쳐내기란 너무나 어려운 일이기에 늘 노력하고 있다. 다만, 나는 확신한다. 제대로 된 방법으로 노력하면 인생이 놀랄 만큼 바뀐다는 사실을 말이다. 그 과정이 힘겨울 수도 있지만, 실제로 인생을 바꾼 사람을 많이 봐왔다. 당신도 꿈만 꾸는 데 그치지 않고 실제로 다른 인생을 살아보고 싶지 않은가? 지금부터 나와 함께 고정관념의 수수께끼를 푸는 여행을 떠나보자.

◇ 차례 ◇

제1장

마음의 원리를 알면
인생이 가벼워진다

금지령을 가지고 있는 사람은 순종적인 아이여야
한다는 생각으로 스스로를 통제한다. 그 결과,
어른이 되어서도 적극성이 부족하고 자신의 의견보다
타인의 의견을 중시하는 경향이 강하다.

사는 대로 생각하지 말고,
생각하는 대로 살라는 말

A는 어렸을 때부터 공부를 잘해서 줄곧 1등을 놓치지 않았다. 그런데 결정적으로 실전에 약했다. 대학 입시 때도 1지망 대학의 입학 시험을 치르는 날 감기 때문에 시험을 망쳐서 결국 2지망 대학에 들어갔다. 입사 시험을 볼 때도 최종 면접에 지각하는 바람에 정말 들어가고 싶었던 회사에서 탈락하고 말았다. 일을 할 때도 마무리가 좋지 않다는 말을 자주 들었고, 프레젠테이션을 할 때면 잘 진행되다가 마지막에 꼭 실수를 하곤 했다. A는 자신이 운이 없다고 생각한다. 항상 잘돼가다가도 마지막에 틀어져 결과가 안 좋은 것은 그런 운명을 타고났기 때문이라고 여긴다.

왜 항상 마지막에 일이 어그러지는 것일까? A가 정말로 운이 나쁜 걸까? 마무리를 못 하는 성격 탓일까?

그렇지 않다. A는 '결정적인 순간에 일이 어그러진다'라는 인생 각본을 스스로 쓰고, 그 각본대로 살고 있을 뿐이다. 입으로는 "성공하고 싶다", "일이 잘됐으면 좋겠다"라고 말하지만 결국은 각본에 맞춰 살고 있는 것이다.

B는 어렸을 때부터 성실하고 얌전한 성격이었다. 대학을 졸업한 후 대기업에 취직했고, 좋은 직장에 다니는 남편을 만나 결혼했다. 결혼하면서 직장은 그만뒀고 아이를 키우며 행복하게 살고 있었다.

그러던 어느 날, B의 불륜 사실이 발각됐다. 남편과는 매일 싸우다가 이혼했고, 친권 문제로 재판까지 갔는데 아이들은 남편에게 빼앗기고 말았다. 행복했던 가정이 한순간에 무너졌다. 주위 사람들 모두 "그렇게 성실하고 얌전한 B가 왜…"라며 충격을 감추지 못했다.

B는 왜 스스로 행복을 무너뜨리는 행동을 했을까? 가정에 불만이 있어서였을까? 남편보다 더 이상적인 남자가 나타났기 때문일까?

그렇지 않다. 이 역시 각본의 결과물이다. 인생의 각본이 그녀를 불륜으로 내몰았고, 가정을 무너뜨리게 한 것이다. B의 이혼이 우연이 아니라 필연이었다는 말을 들으면, 다들 이렇게 말할 것이다.

"자기가 각본을 쓸 수 있다면 누구든 돈도 많이 벌고 행복하게 사는 각본을 쓰지, 인생을 구렁텅이에 빠뜨리는 각본을 쓰겠어?"

그러나 사람은 자기도 모르는 사이에 각본을 쓴다. 그리고 그 각본대로 살아간다. 우울함과 불행으로 가득한 각본을 쓴 사람은 안타깝게도 그런 인생을 살 수밖에 없다.

조금 위협적으로 들렸을지 모르지만, 그렇게 사람을 속박하는 '인생 각본'이란 도대체 무엇일까?

인생 각본이란 교류분석Transactional Analysis 이론으로 유명한 정신과 의사 에릭 번Eric Berne이 제창한 심리적 프로그램을 말한다. 당연한 얘기지만, 인생 각본이라고 해서 실제로 각본을 쓰는 것은 아니다. 심층 심리에서 무의식적으로 각본이 쓰인다는 의미다. 인간은 다양한 체험을 통해 느낀 점을 바탕으로 '나는 분명 이런 인생을 살 것이다'라는 각본을 쓴다. 그것도 무의식 상태에서 자신이 전혀 깨닫지 못한 채 말이다. 그리고 그 각본에 따라 인생을 살아간다.

사람은 자신에 대해 어떤 생각이나 신념을 갖게 되면 무의식적으로 그에 맞는 행동을 하게 되며, 결국 그 신념은 현실이 된다. 이를 심리학에서는 '자기성취적 예언self-fulfilling prophecy'이라고 한다. 예를 들어 점쟁이에게 "일주일 안에 사고를 당할 것이다"라는 말을 들으면, 무의식적으로 그렇게 되는 쪽으로 행동하게 되고 실제로 사고가 일어나 점쟁이의 말이 현실이 된다. 또 "혈액형이 A형인 사람은 이런 성격이다"라는 말을 들으면, 그에 맞게 행동해 성격 특성을 증명한다. 이런 것들이 자기성취적 예언 현상이다.

인생 각본은 한마디로 '인생 예언서'다. 모든 사람이 자기도 모르는 사이에 예언서에 따라 움직인다. 요컨대 '나는 운이 나쁘다'라고 생각하는 사람은 그런 각본을, '나는 운이 좋다'라고 생각하는 사람은 그런 각본을 스스로 쓰는 셈이다. '항상 성공한다'라고 생각하는 사람은 그런 각본을, '결정적 순간에 일이 어그러진다'라고 생각하는 사람은 그런 각본을 쓴 것이다. 실제로 운이 나쁘거나 우연히 일이 잘못되는 것이 아니라, 모든 것은 스스로 만들어낸 스토리에 지나지 않는다.

어렸을 때 만들어지는 인생 각본

인생 각본은 주로 7~8세의 유년기에 만들어진다. "커서 훌륭한 어른이 돼야 한다"와 같은 부모의 훈육이나 "너는 주의가 산만해"와 같은 주변의 평가, 그 밖에 학교 교육 등을 통해서다.

학창 시절 개성 강한 캐릭터를 가진 친구들이 있었을 것이다. 아이들은 친구들 사이에서 분위기 메이커나 개그맨 같은 역할을 부여받으면, 그 역할을 다하려고 열심히 노력한다. 말이나 행동을 주어진 캐릭터에 맞춰 바꿔나간다. 괴롭힘을 당하는 아이를 예로 들자면, 이들 역시 대체로 어렸을 때부터 괴롭힘을 당해왔을 가능성이 높다. 무의식중에 주위 환경에 맞는 캐릭터를 연기하는 것이다. 자신에게 주어진 캐릭터를 연기하는 것이 편하기 때문이다. 인생 각본은 이 캐릭터와도 같다. 캐릭터를 부여받은 아이는 그 캐릭터에 맞춰 인생을 살아간다.

유년기에 만들어진 인생 각본에서 벗어나기란 쉬운 일이 아니다. 한동안은 인생 각본에 맞지 않는 삶을 산다고 하더라도, 무의식적으로 원래의 인생 각본에 맞는 삶으로 되돌아가고 만다. 인생 각본은 그만큼 강력하다.

예를 들어 앞에서 소개한 A는 유년기에 어떤 일을 잘했어도 칭찬받지 못했던 경험을 통해 '내가 하는 일은 잘되면 안 돼'라는 인생 각본을 썼을 가능성이 있다. 그래서 잘되면 오히려 불안해진다. 불륜을 저지른 B는 유년기에 가정환경이 불우해서 '나는 행복한 가정을 가질 수 없고 가족에게 사랑받지도 못해'라는 인생 각본을 썼을 가능성이 있다. 그래서 기껏 행복한 가정을 갖게 됐지만 자기 삶이 아니라는 불안을 떨칠 수 없었고, 스스로 행복을 무너뜨리는 행동을 함으로써 원래의 각본으로 돌아간 것이다. 그녀가 진짜 평안을 얻으려면 인생 각본의 존재를 깨닫고, 새롭게 다시 써야만 한다.

각본이 인생에 도움이 된다면 크게 문제가 없다. 하지만 만약 인생을 불행으로 몰고 가는 각본이라면, 시간이 걸리더라도 고쳐 써야 한다.

과연 인생 각본은 고쳐 쓸 수 있는 것일까? 물론 매우 견고하므로 쉬운 일은 아니다. 그러나 '이것은 인생 각본이 꾸민 일이다'라고 인식하는 것만으로도 큰 효과가 있다. 다시 말해, 각본에 완전히 지배당하지 않고 한발 물러나 '이것은 각본일 뿐이다'라는 냉정한 자세를 가질 수만 있어도 큰 효과가 있다. 실패와 불행 또는 성공과 행복이 반복되는 이유가 운이 아니라 각본 때문임을 깨닫는 것만으로도 인생을 스스로 이끌어갈 여유를 가질 수 있다. 인생 각본이라는 존재를 알면 '어차피 나는 성공하지 못해', '어차피 나는 인기가 없어' 등 운명이라고 생각하고 포기했던 일들에 더 적극적으로 도전해볼 수 있다.

인생 각본이 어떻게 만들어지는지 좀 더 자세히 알아보자.

모든 것은 금지령에서 시작된다

미국 의학박사이자 국제교류분석협회International Transactional Analysis Association, ITAA 회장을 역임한 로버트 굴딩Robert Goulding은 부인 메리 굴딩Mary Goulding과 함께 인생에 큰 영향을 미치는 금지령을 분류했다. 굴딩 부부는 금지령의 영향을 강하게 받은 사람은 부정적인 인생 각본을 갖게 되는 경향이 있다고 밝혔다.

금지령이란 문자 그대로 '~하면 안 된다'라는 명령이다. 누구나 어렸을 때 "모르는 사람을 따라가면 안 돼", "밤 10시 이후에는 TV를 보면 안 돼"와 같은 말을 들은 적이 있을 것이다. 이것이 금지령이다.

말로 하지 않는 금지령도 있다. 예를 들어 아이가 항상 엄마한테 "밥 먹기 전에 과자 좀 먹지 마"라는 꾸중을 들었다고 하자. 어느 날, 저녁때가 가까웠는데 과자가 먹고 싶어서 졸랐더니 엄마가 웬일로 "그렇게 먹고 싶으면 먹으려무나"라고 했다. 그런데 엄마의 얼굴을 보니 잔뜩 화가 난 표정이었다. 말투도 퉁명스러웠다. 이 상황에서 아이는 과연 아무렇지도 않게 과자를 먹을 수 있을까? 아마도 '먹으면 안 되겠구나'라고 생각할 것이다. 아이들은 부모의 속마음을 헤아리는 능력이 우리가 상상하는 것보다 훨씬 더 뛰어나다.

이처럼 말 이외의 요소, 즉 부모의 태도나 표정, 몸짓 등에서 전해지는 '안 돼'라는 메시지도 금지령이다. 부모는 아이에게 무언가를 금지할 때 직접적으로 "안 돼", "하지 마"라고 말할 때도 있지만, 무의식적으로 비언어적 메시지를 보내기도 한다.

육아와 집안일로 녹초가 됐을 때 아이가 "이게 뭐야?"라고 계속해서 물어보면 "나도 몰라!"라고 차갑게 대답하는 부모도 있다. 이때 아이는 '몰라'라는 말뿐만 아니라 퉁명스럽게 대답하는 부모의 태도에 충격을 받는다. 가까이 오지 말라는 거절의 메시지가 읽히기 때문이다. 이럴 때 아이는 스스로 '부모에게 다가가서는 안 된다'라는 금지령을 내린다. 자신에게 '~하지 마!'라고 명령하는 것이다. 부모의 기분을 거스르지 않으려면 어리광을 부리지 않는 것이 좋겠다고 느끼고, 항상 눈치를 보며 부모와 거리를 둔다. 이것은 말하자면 아이의 고정관념이다. 스스로 자기 행동을 제한함으로써 필사적으로 부모의 사랑을 얻으려는 생존 본능의 결과다.

어릴 때 생긴 고정관념은 어른이 되어서도 쉽게 없어지지 않는다. 그 결과, 예컨대 '가까이 오지 마'라는 금지령을 받은 아이는 어른이 되어서도 사람들과 소통하는 능력이 미숙해 혼자 있는 시간이 많은 외톨이 인생을 살게 된다.

그렇다고 모든 아이가 금지령을 만드는 것은 아니다. 부모에게 응석을 부리며 다가갔는데 부모가 "지금 바빠"라며 차갑게 뿌리쳐도 개의치 않고 금방 다른 놀이에 열중하는 아이도 있다. 인지 방법은 사람마다 다르기 때문에 부모의 행동을 아이가 받아들이는 양상 역시 다양하다는 점을 미리 말해두고자 한다.

지금부터 굴딩 부부가 분류한 열세 가지 금지령을 소개한다. 자신이 어떤 영향을 받았는지 생각하며 읽기 바란다.

1. 아무것도 하지 마

부모가 엄하거나, 반대로 과보호를 하는 사람이어서 사소한 것까지 간섭하는 가정에서 발생하기 쉬운 금지령이다. "나무에 오르면 위험하니까 그만둬!", "쟤하고 놀지 마!", "다칠 수 있으니까 축구는 안 돼"와 같이 행동을 제약받을 때마다 아이는 '나는 아무것도 하지 않는 게 낫다'라는 금지령을 자기 안에 만들게 된다.

이 금지령을 품고 있는 아이는 순종적인 사람이 되어야 한다는 생각으로 스스로를 통제하며, 그 결과 어른이 되어서도 적극성이 부족하고 자기 의견보다 타인의 의견을 중시하는 경향을 보인다. 직장에서 상사의 지시만 기다리는 유형의 사원은 대체로 이 금지령의 영향을 받았을 가능성이 크다. 어렸을 때부터 부모가 하라는 대로 행동했기 때문에 어떻게 행동할지 스스로 생각하는 습관이 배어 있지 않다. 그래서 상사나 선배가 지시하지 않으면 무엇을 해야 할지 모르는 것이다.

2. 네가 아니어야 했어

"사실은 딸을 낳고 싶었어"라는 말을 들으면서 자란 남자아이나 엄마에게서 "딸은 키워봤자 소용없어"라는 말을 자주 들으며 자란 여자아이처럼, 자신의 성별이나 정체성을 부정당한 경험이 있는 사람이 갖기 쉬운 금지령이다.

이 금지령을 품고 있는 사람은 자신의 성性에 자신감을 갖지 못한다. 이성 친구는 많은데 동성 친구가 적은 사람 또는 동성만 있는 집단을 불편해하는 사람은 이 금지령의 영향을 받고 있을 가능성이 크다. 또 자존감이 낮기 때문에 주위의 평가나 대외적인 평판에 행동이 좌우되기 쉽다.

3. 어린애처럼 굴지 마

"너는 언니(누나)니까 좀 어른스럽게 행동해!", "이제 형(오빠)이니까 울면 안 돼!"와 같은 말을 듣고 자란 사람이 갖기 쉬운 금지령이다.

이 금지령을 품고 있는 사람은 일찍부터 자립을 강요당해 어린 시절을 아이답게 구김살 없이 보내지 못해서 고지식한 사람이 되기 쉽다. 미팅이나 회식 자리에서 열심히 음식을 나눠주거나 술이 떨어질 것 같으면 얼른 주문을 하는 등 다른 사람들을 돌보느라 자신은 전혀 즐기지 못하는 것도 이 금지령에 묶여 있어서 나오는 행동일 수 있다. '내가 해야 해!'라는 책임감이 너무 강해서 그것이 삶의 족쇄가 돼버린 경우다.

4. 성장하지 마

세 번째 금지령과 반대로 "엄마가 다 해줄게"와 같은 과보호 속에서 자랐거나 막내여서 어리광쟁이로 자란 사람이 갖기 쉬운 금지령이다. 이 금지령을 품고 있는 사람은 '계속 어린아이로 있으려면 아무것도 못 하는 게 낫다'라고 생각한다. 이른바 '마마보이'가 여기에 해당한다.

심지어는 부모가 자녀 대신 배우자를 찾거나 당사자들 없이 부모끼리만 맞선을 봐서 결혼 상대를 결정하는 사례도 있다고 한다. 이런 상황이라면 어른이 되어서도 '성장하지 마'라는 금지령에서 벗어나지 못하는 사람이 늘어나는 것도 당연한 일일지 모르겠다.

5. 느끼지 마

넘어져 아파서 울고 있는데 부모에게 무시당하거나 "참아!"라며 억압당한, 그래서 자신의 욕구나 감정을 솔직하게 드러내지 못했던 사람이 갖기 쉬운 금지령이다.

이 금지령을 품고 있는 사람은 감정을 억누르는 게 버릇이 되어 매사에 무관심하고 감동을 느끼지 못한다. 울거나 화를 내는 일이 없는 사람, 목소리에 억양이 없고 표정이 단조로운 사람은 이 금지령의 영향을 받고 있을 가능성이 있다.

6. 생각하지 마

세상에는 "말대꾸하지 마!", "잠자코 듣기나 해!"라고 자녀에게 소리치는 등 위압적으로 양육하는 부모가 적지 않다. 늘 신경질적으로 말하거나 짜증을 내는 부모 밑에서 자라면 이런 금지령이 생기기 쉽다. 이 금지령은 스스로 생각하기를 포기하게 한다.

이 금지령을 품고 있는 사람은 논리적으로 생각하거나 냉정하게 판단하지 못하는 경향이 있다. 점이나 미신 등을 맹목적으로 믿는 사람도 이 금지령에 지배당하고 있다고 봐야 한다.

7. 가까이 오지 마

"그 정도도 혼자서 해결하지 못하니?", "조용히 있어!"와 같이 부모와 거리감이 있거나 살을 맞대고 가깝게 지낼 기회가 적었던 사람이 갖기 쉬운 금지령이다.

이런 금지령을 품고 있으면 부모와 대화를 나누거나 자신의 기분을 부모에게 쉽게 말하지 못한다. 그리고 어른이 되어서도 자신의 생활이나 속마음을 주변에 털어놓지 못한다. 업무상 문제가 생기거나 고민거리가 있어도 상사나 동료와 상의하지 못하고 어떻게든 혼자서 해결하려 하는 사람, 마음에 들지 않는 일이 있어도 '내가 참으면 돼'라고 생각하는 사람은 이 금지령의 영향을 받고 있다고 할 수 있다.

8. 성공하지 마

　잘했을 때 칭찬을 받지 못하는 반면 실패했을 때는 위로와 격려를 받는 경험이 반복되면, '성공하지 마'라는 금지령이 자리 잡기 쉽다. 부모가 성공에 관심을 보이지 않고 실패에만 관심을 보이면 아이는 '성공해선 안 되는구나'라고 생각하게 된다. 또 부모에게 "너는 꼭 중요한 순간에 일을 망치는구나"라는 한숨 섞인 탄식을 자주 듣고 자란 아이들도 '나는 성공할 수 없는 인간이구나'라는 왜곡된 믿음을 품게 된다. 사업을 시작할 때마다 이유 없이 망하기를 반복하는 사람은 이 금지령에 묶여 있을지도 모른다.

9. 원하는 것을 말하면 안 돼

　어릴 때 큰 병을 앓거나 크게 다쳐서 부모에게 경제적인 부담을 지우는 등 자기 때문에 고생하고 인내하는 부모를 봐온 사람이 가지기 쉬운 금지령이다. 이 금지령을 품고 있는 사람은 자신의 욕구를 솔직하게 말하지 못할 뿐만 아니라 행운을 남에게 양보하거나 스스로 행복을 깨뜨리는 행동을 한다.

　월급이 적어서 생활이 어려운데도 무리해서 애인에게 이것저것 선물하거나 돈 빌려달라는 부탁을 거절하지 못하는 사람 등은

이 금지령의 영향을 받고 있을 가능성이 크다. 또 친구에게 "사실은 개를 좋아해"라는 말을 들으면 자기도 그 사람을 좋아하지만 감정을 억누른 채 친구를 응원하는 사람도 여기 속한다.

10. 건강하면 안 돼

아플 때만 과자나 주스를 마음껏 먹을 수 있었던 사람이나 몸이 약한 형제자매에게만 신경 쓰는 부모 밑에서 자란 사람에게 많은 금지령이다.

이 금지령을 품고 있는 사람은 병이나 부상으로 동정을 사려고 하거나 돌발 행동 또는 우스꽝스러운 말로 주위의 이목을 끌려고 한다. 가벼운 감기나 상처에도 호들갑을 떠는 사람은 이 금지령의 영향을 받고 있다고 할 수 있다. 또 폭식과 폭음을 반복하거나 건강검진에서 주의가 필요하다는 말을 듣고도 생활 습관을 고치지 못하는 사람 역시 여기 속한다.

11. 중요한 사람이 돼선 안 돼

시험에서 좋은 점수를 받았을 때나 선생님께 칭찬을 들었을 때 아이는 기뻐서 그 사실을 부모님께 알린다. 그럴 때 부모의 반응이 뜨뜻미지근하면 아이는 자신이 인정받지 못했다고 느껴 마음에 상처를 입는다. 이런 일이 반복되면 '나는 중요한 사람이 돼선 안 되는구나'라는 금지령이 각인된다.

이 금지령을 품고 있는 사람은 항상 눈에 띄지 않으려고 노력하며, 책임지는 것을 싫어한다. 지극히 수수한 옷을 좋아하거나 말수가 적고 작은 목소리로 소곤소곤 말하는 사람은 이 금지령 탓일지도 모른다. 부하 직원이나 팀원으로서는 우수하지만, 리더가 되면 실력을 발휘하지 못하는 사람이 있는데, 그런 사람도 이 금지령의 영향을 받고 있을 가능성이 농후하다. 다른 사람 위에 서는 위치가 되면 '중요한 사람이 돼선 안 돼'라며 스스로 제동을 걸기 때문에 실력을 발휘하지 못하는 것이다.

12. 소속돼선 안 돼

"쟤랑 놀면 안 돼"라며 부모가 친구를 골라주거나, "우리 애가 수줍음을 많이 타서…"라며 부모가 아이의 마음을 대변하는 경우가 있다. 이런 일이 반복되면 아이는 또래 아이들과 부대끼며 자연스럽게 친해질 기회를 잃는다.

이 금지령을 품고 있는 사람은 직장이나 자신이 속한 그룹에

녹아들지 못하고 혼자 행동하는 일이 많다. 동아리 MT나 회사 워크숍 등을 가서도 혼자서 행동하는 사람, 회식이나 미팅을 제의받아도 항상 거절하는 사람은 이 금지령에 사로잡혀 있을 가능성이 있다.

13. 존재하지 마

아마도 가장 괴로운 금지령일 것이다. 어렸을 때 학대를 받았거나 "너만 없었으면 이혼했을 텐데"라며 부모에게 불행의 원인으로 지목받은 아이는 이 금지령을 가슴에 새기게 된다. '나는 존재해서는 안 된다'라는 고정관념 탓에 자기 몸과 목숨을 소중히 여기지 못하게 된다. 술이나 약물 등에 의존하는 사람은 이 금지령의 영향을 받고 있을 가능성이 아주 크다.

인생을 바라보는 네 가지 태도

앞에서 소개한 다양한 금지령 중 당신에게 해당하는 금지령은 무엇인가? 물론 어린아이의 인지 방식은 저마다 다르므로 '부모에게 이런 말을 듣고 자란 아이는 이렇게 된다'라고 단정 지을 수는 없다. 다만, 이 세상에서 '무엇이 OK이고 무엇이 NG인가'를 파악할 때 부모의 금지령은 매우 큰 영향을 미친다고 말할 수 있다. 그러니 잠시 시간을 내서 자신을 돌아보기 바란다.

앞서 열거한 금지령에 따라 세상을 보는 네 가지 방식이 만들어진다. 교류분석에서는 이를 '태도'라고 부른다. 즉, 인생에 대한 기본적인 태도다. 인생의 바탕에 어떤 태도를 가지고 있느냐에 따라 어른이 된 뒤 인간관계를 맺는 방식이 달라지므로 이는 아주 중요한 문제다.

1. 나도 OK, 너도 OK

'이 세상에 살아 있는 모든 것은 가치가 있다', '내가 싫어하는 행동은 다른 사람에게 하지 않는다'와 같이 자신과 타인을 모두 긍정하는 태도다. 이런 태도를 가진 사람 중에는 행복한 인생 각본을 가지고 충실한 삶을 살아가는 사람이 많다. 부모에게 받은 금지령도 적당한 수준이며, 인생 각본이나 다른 사람의 말에 현혹되지 않고 자신이 원하는 방향으로 인생을 이끄는 힘이 있다.

이들은 인격자 또는 존경할 수 있는 리더 유형이다. 아량이 넓고 다른 사람의 기분에 솔직하게 공감할 줄 안다. 자기 자신을 존중하는 것처럼 타인도 존중한다. 또 스스로 자신감이 있기 때문에 언제나 긍정적이다. 작은 실수에도 기죽지 않고 항상 주위 사람들에게 용기를 주려는 노력도 잊지 않는다. 평소 "다 함께 열심히 합시다!", "다들 잘했어"와 같은 말을 자주 하는 사람은 이런 태도를 가지고 있다고 할 수 있다.

2. 나는 NG, 너는 OK

'나는 대단한 사람이 아니다', '내 주변에는 모두 대단한 사람뿐이다'라며 자신에 대해서는 부정적이지만 타인에 대해서는 긍정적인 태도다. 이런 태도를 가진 사람은 어려서 유명 초등학교나 중학교 입시에 실패하는 등 부모의 과도한 기대에 부응하지 못한 경험을 했을 가능성이 있다. 그 실패 경험을 통해 '나는 능력이 없다', '나는 쓸모없는 인간이다'라는 금지령을 인생 각본에 새겨버린 것이다.

그래서 자존감이 낮고 매사에 소극적으로 임하는 경향이 있다. 또 스스로 자신감이 없기 때문에 모처럼 일에서 좋은 결과를 내도 "나는 아직 멀었어", "나보다 저 사람이 더 잘해" 같은 말로 자신을 낮추기 쉽다. 다른 사람이 더 잘나 보이고 자신은 낮게 보는 버릇이 있는 것이다.

'나는 NG, 너는 OK'라는 생각은 타인의 지배를 허용한다는 의미이기도 하다. 악덕 기업의 불합리한 요구를 묵묵히 따르는 사람은 어쩌면 이런 태도가 몸에 뱄기 때문일지도 모른다.

3. 나는 OK, 너는 NG

'내 것은 내 것, 네 것도 내 것'이라는 〈도라에몽〉에 나오는 퉁퉁이 같은 스타일이 이 유형이다. 자신은 긍정하지만 타인은 부정하는 태도다. 유아기에 부모에게 과보호를 받으면서 꾸중 한 번 없이 "원하는 건 뭐든지 사줄게", "네가 최고야"와 같은 말만 듣고 자란 사람에게서 많이 나타난다. 항상 자기중심적이고 이기적으로 행동하며, 타인을 지배하려 하고, 의심이 많다. 자신과 의견이 맞지 않거나 반발하는 사람을 힘으로 통제하려는 폭군 유형이다.

이런 태도를 가진 사람은 타인의 성공을 용납하지 못한다. 그래서 성공한 사람의 흠을 보거나 약자를 괴롭히며 울분을 풀려고 한다. SNS나 블로그에서 자주 논쟁을 불러일으키는 사람도 이 태도를 가지고 있을 확률이 높다. 전혀 모르는 상대인데도 조금만 거슬리는 행동이나 말을 하면 그 사람의 사생활을 철저히 파헤쳐서 파멸로 몰고 간다. 그러면서 자신은 정의롭다고 믿는다.

4. 나도 NG, 너도 NG

가장 문제가 있는 태도 유형이다. '사는 것이 허무하다', '인생이 무의미하다'라며 자신이든 타인이든 모든 것을 부정해버린다. 이런 태도를 가진 사람은 유년기에 부모의 보살핌이 없었거나 학대를 받았을 가능성이 크다. 조건 없이 자신을 인정해주고 받아주는 존재가 없었던 탓에 '마음의 안전지대'를 만들지 못한 것이다.

자기 껍데기에 틀어박혀 모든 인간관계를 부정하고 스스로 상처를 입힌다. 그래서 인간관계를 맺는 방식이 극단으로 치닫게 된다. 이 유형에는 이른바 은둔형 외톨이가 있는가 하면, 사이비 종교의 신도처럼 타인을 전적으로 믿고 의존하는 사람도 있다.

인생을 대하는 네 가지 태도

		타인	
		OK	NG
자신	OK	자신감이 있고 겸손하다.	자기중심적이며 타인을 인정하지 않는다.
	NG	자신감이 없고 타인의 의견에 쉽게 흔들린다.	매사에 부정적이다.

유년기에 생긴 금지령에 따라 인생을 대하는 네 가지 태도가 만들어진다. 그리고 이 태도가 세상과 인생을 규정하는 바탕이 된다. 어떤 태도를 가지고 있느냐에 따라 세상을 바라보는 방식이 결정되는 것이다.

우리의 행동을 지배하는 다섯 가지 드라이버

인생 각본에 영향을 미치는 것으로 '드라이버driver'라는 것이 있다. 당신 주변에도 매우 긍정적인 사람이 한 명쯤은 있을 것이다. 회사에서는 한눈팔지 않고 열심히 일해서 정시에 업무를 마친다. 그 후에는 다른 업종 사람을 만나는 등 인맥을 넓히거나 업무 관련 강의를 들으며 업계의 최신 정보를 입수한다. 취미가 많고 휴일에는 친구들과 함께 바다나 산으로 여행을 떠난다. 물론 연애에도 충실하다.

이렇게 에너지가 넘치는 사람을 보면 '인생을 열심히 사는구나. 부럽다'라고 느낄지 모른다. 그런데 과연 그 사람이 정말로 불행한 각본을 피해 자유롭게 살고 있는 걸까? 자유롭고 나답게 산다는 건 대단히 어려운 일이다. 매우 긍정적인 사람도 사실은 나쁜 고정관념에 사로잡혀 있을지 모른다.

'drive'라는 영어 단어에는 '운전하다'라는 뜻 외에 '몰고 가다', '몰아내다'라는 의미도 있다. 아이는 금지령과 마찬가지로 부모의 언행에도 영향을 받는데, 심리학자 태비 칼러Taibi Kahler는 이를 '드라이버'라고 불렀다. 즉, 아이를 행동으로 몰고 가는 메시지다.

드라이버에는 다음과 같은 다섯 가지 유형이 있다.

- 완전해져라.

- 기쁘게 해라.

- 노력해라.

- 강해져라.

- 서둘러라.

다만, 부모가 이런 메시지를 직접 전한 게 아니라는 점에서 금지령과 차이가 있다. 예를 들어 시험에서 좋은 성적을 냈을 때 "정말 잘했어. 상을 줄게"라며 기뻐하는 부모의 모습을 보고 아이는 '부모님을 더 기쁘게 해드려야 해. 그러지 않으면 사랑받을 수 없어'라고 생각할 수 있다. 이럴 때 '기쁘게 해라'라는 드라이버가 마음에 새겨진다. 그런데 이런 드라이버가 반드시 부모의 본심이라고 단정 지을 수는 없다. 부모는 단순히 아이의 성장을 기뻐했을 수도 있으니 말이다.

다섯 가지 드라이버를 보고 '이게 나쁜 메시지인가? 오히려 좋은 거 아니야?'라고 생각하는 사람도 있을 것이다. 분명 이것들은 우리 삶에 어느 정도 필요한 요소다. 하지만 여기에 너무 강하게 지배당하면 극단적인 행동으로 이어질 위험성이 있다.

예컨대 '노력해라'라는 드라이버에 지배당한 사람은 주변에서 다들 말리는데도 잠자는 시간까지 아껴가며 일에 집중한다. 하지만 결국 몸이 망가져서 일을 하고 싶어도 할 수 없게 되면 자기만 고통받을 뿐이다. '적당히'를 배우는 것도 인생에서 무척 중요한 일이다. 힘에 부치는데도 더 노력해야 한다는 생각이 들 때, '어깨의 힘을 조금만 빼자'라며 자신을 다독이자.

좀 더 편해지기 위해서라도 드라이버의 존재를 알아둘 필요가 있다. 다행히 금지령과 달리 드라이버는 스스로 의식하기가 비교적 쉽다. 예를 들어 어렸을 때 부모나 선생님에게 다음과 같은 말을 들은 적이 있지 않은가?

- "열심히 공부해서 좋은 대학에 들어가야 해."
  - → '완전해져라' 드라이버
- "남에게 폐를 끼쳐서는 안 돼."
  - → '기쁘게 해라' 드라이버
- "최선을 다해 노력해서 성공해야 해."
  - → '노력해라' 드라이버

- "용기를 내서 자기주장을 펼쳐야 해."

  → '강해져라' 드라이버

- "무슨 일이든 빠릿빠릿하게 해야 해."

  → '서둘러라' 드라이버

만약 당신에게 '나도 모르게 항상 그렇게 하고 만다', '이렇게 하지 않으면 이유 없이 불안하다'라고 할 만한 행동 패턴이 있다면 십중팔구 드라이버의 영향일 것이다. 내 안에 존재하는 인생 각본을 알기 위해서는 자신이 가진 드라이버를 깨닫는 것이 중요하다. 그 존재를 깨닫는 것이 불행한 인생 각본에서 벗어나는 출발점이다.

당신에겐 어떤 드라이버가 있을까?

이안 스튜어트Ian Stewart와 밴 조인스Vann Joines가 함께 쓴『현대의 교류분석』에서는 드라이버와 관련하여 네 가지 체크포인트를 제시했다.

① 자주 쓰는 말이나 말투
② 몸짓
③ 자세
④ 표정

각 드라이버를 가진 사람이 어떤 특성을 보이는지 체크포인트에 따라 살펴보자.

1. '완전해져라' 드라이버를 가진 사람

① 자주 쓰는 말이나 말투

이 드라이버를 가진 사람은 '상대를 제대로 이해시키자', '오해가 없게 하자'라는 의식이 강하다. 자신이 하고 싶은 말, 전하고 싶은 내용을 제대로 전달하지 않으면 직성이 풀리지 않는다. "우리 집에서 200미터 거리에 있는 ○○카페에서 만나자", "앞으로 세 번째 역에서 갈아타면 돼"라는 식으로 말을 할 때 숫자를 자주 사용한다. 정확함을 추구하기 때문이다.

프레젠테이션 테크닉으로 자주 사용되는 "이 이야기의 포인트는 세 가지입니다. 첫 번째는…"과 같이 요약하는 화법을 일상생활에서도 자주 사용하는 사람 역시 이 드라이버를 가지고 있을 가능성이 크다.

말투로 보자면, 박자나 음정이 일정한 사람이 이 유형일 가능성이 있다. TV 아나운서가 뉴스를 전하는 모습을 떠올리면 이해하기 쉬울 것이다. 정확히 말하는 것을 중시하기 때문에 어린아이 같은 말투나 편안한 말투, 거친 어조는 사용하지 않는다. 정중하고 빈틈이 없는 말투다. 그런데 지나치면 무례하게 느껴질 수도 있다.

② 몸짓

가끔 수를 셀 때 손가락을 접어가며 세는 사람이 있다. 특히 사람들과 함께 있을 때 모두에게 보이도록 일부러 손가락을 접으며 수를 세는 사람은 이 드라이버를 가지고 있을 가능성이 크다. 상대방에게 맞는지 확인시켜주기 위해서 하는 행동으로, 본인에게는 자연스러운 일이다.

또 생각할 때나 다른 사람의 이야기를 들을 때 마치 로댕의 〈생각하는 사람〉처럼 손으로 턱을 괴거나 양 손가락을 맞대는 포즈를 취하는 사람도 이 드라이버를 가지고 있을 가능성이 매우 크다. 타인의 의견을 분석하는 버릇이 있기 때문에 생각할 때 정해진 포즈를 취하는 경향이 있다.

③ 자세

자세가 좋고 등을 곧게 펴고 있는 사람이 많다. 자세가 균형 잡혀 있어서 좌우 어느 한쪽으로 기울지 않고 앞으로 수그리거나 뒤로 젖혀지지도 않는다. 은행이나 관공서, 백화점 직원을 떠올리면 이해하기 쉬울 것이다. 몸가짐이 가지런하고 인사도 90도로 하는 스타일이다.

④ 표정

무표정하지는 않지만 그렇다고 표정이 풍부하지도 않다. 입꼬리가 다소 긴장되어 있으며 입을 꼭 다물고 있는 사람이 많다. 또 이야기할 때 시선이 앞이 아니라 위를 향하는 경향이 있다. '틀리면 안 된다'라는 마음이 강해서 머릿속으로 준비된 원고를 떠올리며 그것을 읽듯이 이야기하기 때문이다.

'완전해져라' 드라이버를 가진 사람의 특징

- 숫자를 자주 사용한다.
- 정중한 말투를 쓴다.
- 〈생각하는 사람〉 포즈를 취한다.
- 꼿꼿한 자세를 유지한다.
- 항상 입을 꼭 다물고 있다.

2. '기쁘게 해라' 드라이버를 가진 사람

① 자주 쓰는 말이나 말투

주위 사람들을 기쁘게 하는 일에 열심이어서 "정말 도움이 되는 이야기였습니다", "훌륭합니다"와 같은 칭찬이나 감사의 말을 자주 사용한다. 또 "그렇지?", "맞지?", "어때?"와 같이 상대의 의견을 묻는 형식의 말투도 이 드라이버를 가진 사람의 특징이다. 자기 생각을 분명하게 말하기보다 상대의 생각에 맞추는 것이 중요하기 때문에 단정적인 말투를 피하는 것이다. 그리고 항상 상대방의 반응을 확인하며 대화를 한다.

게다가 "좋았어!", "대단해!" 등과 같이 기쁨이나 칭찬을 과장되게 표현하기 때문에 높고 들뜬 목소리로 말하는 경향이 있다.

② 몸짓

상대방의 말을 들을 때 "응, 응" 하며 고개를 자주 끄덕인다. 상대의 의견에 동의하고 있음을 몸으로도 표현하는 것이다. 테이블을 사이에 두고 마주 앉았을 때는 양손을 테이블 위에 올려놓는 경우가 많다. 더욱이 손을 내밀 때는 손바닥이 위를 향하도록 뒤집어서 내민다. 이것은 심리학적으로 '나는 당신에게 마음을 열고 있습니다'라는 신호다. 이런 동작을 통해 상대를 안심시키려 하는 것이다.

또한 눈을 치켜뜨거나 올려다보는 식으로 상대의 기분을 살피는 표정을 자주 짓는 것도 이 드라이버를 가진 사람들의 특징이다.

③ 자세

대화를 할 때 몸을 앞으로 내미는 사람이 많다. 이것은 '이야기를 좀 더 확실하게 듣자', '상대가 좋아하는지 반응을 살피자'라는 마음의 표현이다.

④ 표정

항상 입꼬리를 올리고 있어서 언뜻 보면 웃는 얼굴처럼 보이지만, 어딘가 부자연스러운 느낌을 준다. 상대를 기쁘게 하고 호감을 얻고 싶다는 생각 때문에 웃는 얼굴이나 긍정적인 표정을 유지하려고 한다. 그러나 상대방의 이야기에 항상 동의할 수 있는 것은 아니다. 내심 '정말 그런가?'라는 의문이 들 때도 있을 텐데, 그럴 때도 웃는 얼굴로 있으려니 입은 웃지만 눈은 정색하는 부자연스러운 미소가 돼버리는 것이다.

'기쁘게 해라' 드라이버를 가진 사람의 특징

- 칭찬이나 감사의 말을 자주 사용한다.
- 대화할 때 몸을 앞으로 내밀고 고개를 자주 끄덕인다.
- 눈을 치켜뜨는 행동을 자주 한다.
- 부자연스럽게 웃는 티가 난다.

3. '노력해라' 드라이버를 가진 사람

① 자주 쓰는 말이나 말투

어려운 일이나 많은 양의 일을 부탁받았을 때 내용을 제대로 확인해보지도 않고 경솔하게 "열심히 하겠습니다", "해보겠습니다"라고 말하는 사람은 이 드라이버를 가지고 있다고 추측할 수 있다. 단순히 상황을 알고 싶어서 "그 일, 어떻게 됐습니까?"라고 물었는데 "금방 끝납니다!", "조금만 기다려주세요"라고 대답하는 사람도 이 드라이버에 영향을 받고 있을 가능성이 크다.

반대로 깊이 생각하지 않고 "이건 어려워"라고 말하는 사람도 사실은 이 드라이버를 가지고 있을 가능성이 크다. 작은 일에도 "힘들어 죽겠어"라고 어필하면서 자기가 최선을 다하고 있다고 생색을 내는 것이다.

이 드라이버에 영향을 받는 사람은 무슨 일이든 전력을 다해야 한다고 생각한다. 그래서 피곤하지 않은 자신보다 피곤한 자신, 여유 있는 자신보다 궁지에 몰린 자신에게 안도감을 느낀다. "정말 지쳤어"라며 금방이라도 쓰러질 것 같은 목소리로 말할 때가 많다. 생기 있는 목소리로 쾌활하게 말할 수 있다면 최선을 다한 것이 아니라고 생각하기 때문이다. 에너지가 소진될 정도로 노력하지 않으면 충분하지 않다고 느끼는 것이다.

② 몸짓

시력이 나쁘지도 않으면서 눈을 가늘게 뜨고 사물을 본다. 그렇게 멀리 떨어진 곳에서 말을 하는 것도 아닌데 귀에 손을 모으고 이야기를 듣기도 한다. 이런 행동을 많이 하는 사람은 이 드라이버를 가지고 있을 가능성이 크다. 별것 아닌 상황에서도 노력해야 한다는 마음이 앞서서 열심히 보고 열심히 들으려 하는 것이다.

과장되게 한숨을 쉬거나 책상에 털썩 엎드리는 등의 몸짓으로 '열심히 했다', '드디어 끝났다'라는 점을 암시하려 하는 사람도 이 드라이버를 가지고 있다고 봐야 한다.

③ 자세

'눈앞의 일에 온 힘을 다하자'라는 마음에서 몸을 앞으로 내미는 사람이 많다. 자료를 읽을 때나 컴퓨터 화면을 볼 때도 몸을 앞으로 내미는 경향이 있는데, 마음이 자세에 반영된 것이다. 상사가 말을 걸면 자세를 똑바로 하는 사람도 이 드라이버를 가지고 있을 확률이 높다. '열심히 한다', '노력하고 있다'를 드러내기 위해 자기도 모르게 그런 자세가 되는 것이다.

④ 표정

미간을 찌푸리거나 생각에 잠긴 듯한 표정을 짓는 경향이 있다. 여유로운 미소를 짓고 있으면 '쉬엄쉬엄 일하고 있다', '아직 노력이 부족하다'라고 느껴지기 때문이다. 때로는 피곤한 표정을 지어서 열심히 하고 있는 자신을 확인하기도 한다. 하지만 사람들에게 "오늘은 그만해도 돼", "그만 쉬어도 돼"라는 말을 듣는 것이 싫기 때문에 금방 심각한 표정으로 돌아간다.

'노력해라' 드라이버를 가진 사람의 특징

- 앞뒤 살피지 않고 무작정 "열심히 하겠습니다!"라고 말한다.
- 힘들다는 것을 지나치게 어필한다.
- 눈을 가늘게 뜨고 바라보는 경향이 있다.
- 항상 몸을 앞으로 내미는 자세를 취한다.
- 미간을 찌푸리고 심각한 표정을 짓는다.

4. '강해져라' 드라이버를 가진 사람

① 자주 쓰는 말이나 말투

이 드라이버를 가진 사람은 무의식중에 '나는 약하다', '나는 무능하다'라고 생각한다. 그래서 그런 생각을 외면하기 위해 반대

메시지인 이 드라이버에 끌린다. 이 드라이버를 가진 사람은 자신의 감정이나 행동을 다른 존재의 탓으로 돌리는 경향이 있다. 그럼으로써 자신의 나약함에서 도망치려 하는 것이다. 연인과 사소한 의견 차이로 말다툼을 할 때 "네가 잘못했잖아!"라며 상대의 탓으로 돌리는 것도 이 유형의 특징이다.

이들은 "내가 행복해지지 못하는 건 이 세상 탓이야", "월급이 오르지 않는 건 정치가 엉망이기 때문이야"와 같이 개인의 힘으로는 어찌할 수 없는 부분에서 원인을 찾는 발언을 자주 한다. 그렇게 거대한 적을 만듦으로써 실제로 아무것도 하지 못하더라도 '거대한 적에 저항하는 나는 강하다'라고 느끼려는 것이다.

그리고 낮은 목소리로 담담하게 말하는 사람이 많다. 영화에서 강한 포스의 보디가드가 수상한 사람을 발견했을 때 감정을 억제한 낮은 목소리로 "거기서 뭘 하고 계시죠?"라고 말하면 몰입감이 높아진다. 그런데 만약 보디가드가 날카롭고 높은 목소리로 "거기서 뭐 하는 거야?"라고 말하면 시청자들의 몰입감과 흥은 깨져버릴 것이다. 이와 마찬가지로 이 드라이버를 가진 사람은 목소리로도 강한 모습을 연출하려 한다.

② 몸짓

이 유형은 차분하게 행동하며 눈에 띄는 몸짓을 하지 않는다. 사람은 당황하거나 패닉에 빠지면 몸짓이나 손짓이 과장되기 쉽다. 즉, 과도한 몸짓은 나약함의 표시이기도 하다. 이 드라이버를 가진 사람은 몸짓을 억제함으로써 자신의 약점을 숨기고 강인함을 강조하려 한다.

③ 자세

사람을 내려다보는 듯한 자세나 팔짱을 끼는 등 강한 모습을 어필하는 자세를 많이 하는 편이다. 의자 등받이에 기대 상체를 뒤로 젖힌 채 다리를 꼬거나 팔짱을 낀 자세로 다른 사람의 이야기를 듣는 일이 많다. 남들이 '지위가 높은 사람인가 보다'라고 생각하게 하려는 것이다.

또 항상 다리를 넓게 벌리고 당당한 자세로 서는 사람도 이 드라이버를 가지고 있을 가능성이 크다. 그런 자세를 통해 어떤 일에도 흔들리지 않는다는 마음을 표현하는 것이다.

④ 표정

몸짓과 마찬가지로 표정에도 변화가 적다. '강해져라' 드라이버의 영향을 받는다고 해서 반드시 상대를 위협하거나 공격적이기만 한 것은 아니다. 필사적으로 반론을 할 때나 연인에게 한 거짓말이 들통나서 궁지에 몰려 소리를 지를 때의 표정에서 그 사람의 나약함이 고스란히 드러나기도 한다. 그래서 표정을 억제하여 자신의 나약함을 숨기려 하는 것이다.

'강해져라' 드라이버를 가진 사람의 특징

- 책임을 전가하는 말을 많이 한다.
- 낮은 목소리로 담담하게 말한다.
- 몸을 뒤로 젖힌 채 다리를 꼬거나 팔짱을 끼는 등 상대를 위에서 내려다보는 경향이 있다.
- 무표정하고 움직임도 적다.

5. '서둘러라' 드라이버를 가진 사람

① 자주 쓰는 말이나 말투

"어쨌든 서둘러!", "지금 당장 해!"와 같이 자신이나 주위 사람들을 재촉하는 말을 많이 하는 것이 이 드라이버를 가진 사람의 특징이다. "시간이 부족해", "시간이 없어"라는 말을 입에 달고 사는 사람도 이 드라이버를 가지고 있을 가능성이 크다. 항상 서둘러야 한다며 초조해한다.

이런 유형은 말도 빨라서 '서둘러라' 드라이버의 영향을 받고 있음을 쉽게 알 수 있다. 상대방이 말을 마치기도 전에 자기 말을 한다. 그리고 일단 말을 시작하면 상대에게 말할 틈을 주지 않고 자기 말만 계속한다. 너무 급하게 말하려다가 말을 더듬거나 중간에 혀가 꼬일 때도 종종 있지만, 그래도 천천히 말하지는 않는다.

② 몸짓

이 드라이버가 있는 사람은 기다려야 하거나 일이 지체되면 초조해한다. 그래서 손가락으로 책상을 톡톡 두드리기도 하고 발끝으로 바닥을 두드리거나 다리를 떠는 전형적인 몸짓을 보인다. 그리고 이야기할 때 수시로 시계를 들여다본다. 항상 '빨리해야 한다', '서둘러야 한다'라는 생각이 머릿속에 있기 때문에 시간이 신경 쓰여 참지 못하는 것이다.

③ 자세

가만히 있지 못하고 수시로 자세를 바꾸며 바쁘게 움직인다. 줄을 서서 기다릴 때 주변을 두리번거리거나 초조한 기색을 보이며 차분하게 있지 못하는 사람은 이 드라이버를 가지고 있을 가능성이 크다.

④ 표정

다른 사람과 마주 보고 대화를 나눌 때 동요하는 것도 아닌데 시선을 고정하지 못하고 두리번거린다. 차분하게 이야기를 듣기가 힘들어서 자기도 모르게 이리저리 시선을 옮기는 것이다.

이 드라이버를 가진 사람에게는 오직 전진만이 있을 뿐이다. 그래서 "그럼 이제 가볼까?", "이거 하자"라고 상대에게 말했을 때 "조금만 기다려주세요", "아직 이른데요"라는 대답이 돌아오면 얼굴에서 웃음기가 싹 가시고 불쾌한 표정이 된다. 항상 전진하지 않으면 안정이 되지 않는다.

'서둘러라' 드라이버를 가진 사람의 특징

- 항상 "시간이 없어"라며 초조해한다.
- 말이 빠르고 다른 사람의 말을 아무렇지도 않게 가로막는다.
- 수시로 시계를 들여다본다.
- 잠시도 가만히 있지 못한다.
- 시선이 고정되어 있지 않다.

어떤가? '어쩌면 나는 이 드라이버의 영향을 받고 있을지도 몰라', '그러고 보니 그 사람이 이런 식의 말투를 많이 썼는데' 같은 생각이 들었는가?

드라이버는 이처럼 모르는 사이에 사람들의 인생을 조종한다.

물론 적당한 드라이버는 인생을 발전시키는 데 필요하므로 전혀 문제 될 것이 없다. 그러나 지나치게 영향을 받으면 문제가 생긴다. 드라이버를 누그러뜨리거나 없애려면, 먼저 내가 어떤 드라이버에 사로잡혀 있는지를 깨달아야 한다. 지금까지 설명한 유형별 드라이버의 특징을 다시 한번 꼼꼼히 살펴보고 당신에게 어떤 드라이버가 작동하는지 찾아보기 바란다. 그것만 알아내도 불안한 감정을 가라앉히고 냉정해질 수 있다.

우리는 어떻게 원하는 바를 얻는가

　앞서 말했듯이 인생 각본은 주로 유년기에, 그것도 무의식중에 만들어진다. 그 과정에서 금지령과 드라이버가 큰 역할을 한다. "이것은 하면 안 돼", "이것을 해"라는 부모의 말이나 태도에서 아이는 자신만의 규칙을 만들고, 그것이 인생 각본이 되어간다. 또 아이는 금지령 등을 통해 삶에 대한 태도를 구축한다. 인생 각본은 금지령과 드라이버, 태도를 바탕으로 만들어진다.

　이렇게 완성된 각본을 진행시키는 것이 게임이다. 심리학에서는 이것을 '인생 게임'이라고 부르기도 한다. 게임이란 보상을 받기 위해 어떤 행동을 반복하는 것을 말하는데, 우리는 무의식적으로 자기 삶을 완성하기 위한 게임에 참여한다. 애정이나 돈, 행복감 같은 보상을 얻기 위해 날마다 행동을 이어간다.

물론 올바른 게임이라면 아무 문제가 없다. 돈을 벌기 위해 열심히 일하거나 사랑을 쟁취하기 위해 상대를 찾고 연애를 하는 등의 게임은 아무런 문제가 되지 않는다. 그러나 때로는 게임이 나쁜 방향으로 작용하기도 한다. 예를 들어 다른 사람을 괴롭히거나 불쾌하게 함으로써 만족감을 얻는 것, 상대방의 관심을 끌기 위해서 문제 행동을 하거나 주목받기 위해 지각을 하거나 마감을 지키지 않는 것 등이다. 이런 부정적인 패턴도 게임이다.

　왜 사람들은 자칫 잘못하면 자신을 불행으로 이끌 수도 있는 게임에 자발적으로 뛰어드는 걸까?

　모든 사람에겐 '남들의 사랑을 받고 싶다', '인정받고 싶다'라는 바람이 있다. 어렸을 때 부모에게 관심을 받지 못했거나 너무 엄한 교육을 받으며 자란 아이들은 애정에 굶주려 있다. 그런 아이의 무의식에는 무시당하는 것보다 부정적인 관심이라도 받고 싶다는 욕구가 있다. 그래서 부모가 자신에게 관심을 보이도록 못된 장난을 치거나 말썽을 피우거나 거짓말을 한다.

　사람은 혼이 나는 것보다 무시당하는 것을 더 괴로워한다. 그래서 상대의 관심을 끌기 위해 빗나간 행동을 한다. 이것이 습관이 되면 어른이 되어서도 잘못된 행동으로 다른 사람의 관심을 끌려고 한다.

　또 사람은 자기가 어떤 태도를 지녔는지 확인하기 위해서 게임에 참가한다. '나는 OK, 너는 NG', '나도 NG, 너도 NG' 같은 태도를 확인하려고 문제 행동을 일으키는 것이다. 예를 들어 동료에게 "그건 좀 이상하지 않아?"라고 사사건건 트집을 잡는 것은 '나는 OK, 너는 NG'라는 태도를 확인하고 싶어서다. 상대방이 상처받은 표정을 짓거나 짜증을 내면 자신이 더 강한 위치임을 실감하고 만족한다. '나도 NG, 너도 NG'라는 태도를 가진 사람은 세상을 부정적으로 바라보기 때문에 그 부정적인 세상을 증명하기 위해 게임을 한다. 자멸적인 행동을 함으로써 일종의 만족을 얻는 것이다. 그리고 자신의 태도를 확인할 때마다 인생 각본은 점점 강화된다. 따라서 게임은 자신의 세계관이 옳다는 것을 증명하기 위한 작업이다.

인생 각본의 구조

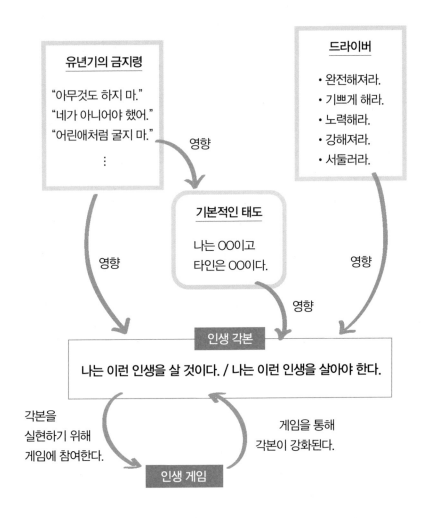

유년기의 금지령

"아무것도 하지 마."
"네가 아니어야 했어."
"어린애처럼 굴지 마."

⋮

드라이버

· 완전해져라.
· 기쁘게 해라.
· 노력해라.
· 강해져라.
· 서둘러라.

영향

기본적인 태도

나는 ○○이고
타인은 ○○이다.

영향

영향

영향

인생 각본

나는 이런 인생을 살 것이다. / 나는 이런 인생을 살아야 한다.

각본을
실현하기 위해
게임에 참여한다.

게임을 통해
각본이 강화된다.

인생 게임

인생 게임의 공식

인생 각본을 진행시키려고 무의식적으로 참가하는 게임은 어떤 구조로 되어 있을까?

게임에는 공식이 있다. 다만, 조금 이해하기 어려울 수도 있으니 예를 들어 설명하겠다.

점심시간이 조금 지난 회사 탕비실.

남자 직원 A가 식곤증을 털어내려고 커피를 마시러 왔다.

잠시 후 후배 여자 직원 B가 탕비실로 들어왔다.

탕비실에는 두 사람만 있다. B가 고개를 숙인 채 A를 힐끔 바라보며 이렇게 말한다.

"오늘 시간 있으세요? 할 말이 있는데….''

이런 상황에서 A는 어떤 생각을 할까? 마음속으로 '혹시 나한테 마음이 있는 건가?'라고 기대를 할 것이다. 그러나 이것은 그 후배 직원이 세팅한 '게임'일지도 모른다.

에릭 번은 게임에 필요한 요소와 전개 과정을 다음과 같은 공식으로 설명했다.

미끼 + 약점 → 반응 → 역할 교대 → 혼란 → 보상

① 미끼

대부분의 사람은 이성과 단둘이 있을 때 "오늘 시간 있으세요?" 라는 말을 들으면 연애까지 상상하진 않더라도 '무슨 일이지? 나에게 호감이 있나?'라는 생각에 조금은 가슴이 두근거릴 것이다.

B가 '할 말이 있다'라고만 했으므로 단순히 업무 상담을 하고 싶은 것일 수도 있고, 그게 아니라도 대단치 않은 내용일 수도 있을 것이다. 그런 줄 알면서도 '뭔가 있을 것 같아'라고 상상하게 된다. 바로 이것이 B가 던진 '미끼'다. 미끼는 말 이외에 전해지는 '숨은 메시지'다.

만약 상사가 쓴웃음을 지으며 "당신 참 재미있는 사람이군" 이라고 말한다면, 누가 봐도 비꼬는 말임을 알 수 있을 것이다. 사람은 간혹 진심과 반대되는 말을 할 때가 있다. 그럴 때 은연중에 전해지는 숨은 메시지가 바로 미끼다. 게임을 시도하는 사람은 미끼를 물 것 같은 사람을 향해 미끼를 던진다. 그러므로 타인이 시작한 게임에 말려들지 않으려면, 상대의 말과 행동에 무엇이 숨겨져 있는지 냉정하게 분석해봐야 한다.

탕비실의 예를 보자. 만약 우연히 마주친 김에 말한 느낌이라면, 아마도 미끼는 아닐 것이다. 그러나 다들 있는 장소에서 말을

걸거나 사내 메일로 전달하는 방법도 있는데 굳이 두 사람만 있는 순간을 택해 말을 건 듯하다면 주의해야 한다. 상대가 당신을 타 깃으로 삼아 무언가를 시도하는 거라고 생각하는 편이 좋다.

② 약점

이 사례에서는 이성이 말을 걸면 무조건 '나한테 마음이 있는 건가?'라고 착각하는 사람의 어리석음, 흑심, 성욕이 '약점'이다. 약점은 상대가 던진 미끼를 자기도 모르게 물어버리는 충동과 그 원인을 의미한다. 충동의 원인은 콤플렉스, 식욕이나 성욕 등의 욕구, 고민이나 과도한 자신감 등 다양하다.

당신에게도 '그 녀석한테만큼은 무시당하고 싶지 않아', '크리스마스까지는 애인을 만들자' 등 자신도 모르게 정색하게 되거나 간절히 바라는 일이 있을 것이다. 만약 그런 점을 겨냥해서 던져진 미끼라면 자기도 모르게 덥석 물기 쉽다. 그렇게 게임에 휘말리는 것이다.

③ 반응

미끼와 약점이 잘 맞아떨어져서 게임에 휘말린 사람은 자기도 모르게 상대방이 원하는 대로 '반응'하게 된다. B의 "오늘 시간 있으세요?"라는 말에 A가 "그러면 오늘 저녁이라도 같이할까?"라든가 "일 끝나고 술이라도 한잔하면서 이야기하지"라고 대답했다면 제대로 반응한 것이다. 이 반응이 게임의 본격적인 시작이라고 해도 좋다. 그런데 A가 "할 말이 있으면 지금 해"라든가 "뭔데? 일 때문에 고민 있어?"와 같이 냉정하게 대응한다면 게임에 휘말릴 일은 없다.

누구나 지금까지의 인생에서 '그때 그 말을 하지 않았더라면', '그 상황에서 그렇게 행동하지 않았더라면'이라고 생각되는 쓸쓸한 기억 몇 가지는 가지고 있을 것이다. 앞으로 그런 기억을 되새길 때가 있다면 자신의 언행뿐만 아니라 상대의 언행도 떠올려보기 바란다. 곰곰이 생각해보면 당신의 행동은 게임에 휘말려서 나온 반응이었을지도 모른다.

④ 역할 교대

"일 끝나고 술이라도 한잔하면서 이야기하지"라는 A의 말에 B가 "그럼 그렇게 하죠"라고 대꾸했다. 그래서 두 사람은 술자리를 가지게 됐다. 처음에는 평범한 업무 상담이었지만, 술이 들어가 긴장이 풀리자 B가 "사실은 C 선배에게 좀 심한 말을 들었어요"라며 본론을 꺼냈다. C는 회사의 고참 직원이다.

눈앞에서 후배가 눈물을 글썽이며 지금까지 얼마나 심한 대우를 받았는지 호소한다. 평소라면 "양쪽 얘기를 다 들어봐야 판단할 수 있겠어. 혹시 너한테도 문제가 있지 않았을까?"라고 냉정하게 지적할 수도 있겠지만, 이미 게임이 시작된 뒤에는 그럴 수 없다.

의협심이 발동한 A는 "그건 좀 심했네. 내가 C한테 주의를 줄게"라고 경솔한 발언을 하게 된다. 그러면 B의 해맑은 미소와 함께 대화는 다음처럼 진행되기 십상이다.

"고맙습니다! 역시 선배한테 말하길 잘했어요. 정말 도움이 됐어요."

"그래 다행이야. 그렇게 어려운 일도 아닌데, 뭐."

"아니에요. 다른 직원들도 다 그렇게 말해요. 선배는 정말 믿음직스럽다고요."

이런 말을 들으면 A는 완전히 시동이 걸려버린다.

"어때? 우리 집에서 한잔 더 할래?"

그런데 B의 반응이 예상 밖이다.

"네? 지금 뭔가 오해하고 계신 것 같은데, 저는 그런 생각으로 상담을 부탁한 게 아니에요! 선배는 항상 그런 식으로 작업을 거시나요?"

이렇게 '역할 교대'가 일어난다. 역할 교대는 게임을 시작한 쪽과 휘말린 쪽의 처지가 바뀌는 것을 의미한다. 의식했든 아니든 미끼를 던졌던 쪽이 이번에는 상대가 자신에게 미끼를 던진 것처럼 소란을 피운다. 공수가 뒤바뀌고, 가해자와 피해자가 뒤바뀐다. A는 도움을 주고 감사를 받는 입장이었는데 어느새 비난을 받는 입장이 돼버렸다.

⑤ 혼란

예상(기대)이 빗나가며 갑자기 역할이 교대되자 A는 당혹감에 빠진다. 졸지에 나쁜 사람이 돼버린 그는 그날 이후 B를 피하게 된다. 특별히 좋지도 나쁘지도 않았던 둘 사이는 어색해지고 만다.

⑥ 보상

보상은 게임을 시작한 플레이어가 최종적으로 얻고 싶어 하는 감정이나 스트로크stroke(교류분석에서 언어적으로나 비언어적으로 교류할 때 주고받는 자극과 반응으로 '인정'의 한 단위-옮긴이)를 말한다. 게임을 통해 무엇을 얻고 싶어 하는지는 그 사람의 인생 각본이 어떤 내용으로 되어 있느냐와 네 가지 태도 중 어떤 태도를 가지고 있느냐에 따라 달라진다.

앞의 예에서 B가 추구하는 보상 중 하나는 마음에 들지 않는 고참 직원을 배제하는 것이다. 이는 본인도 의식하고 있는 보상이다. 하지만 그와는 별도로 무의식중에 추구하는 보상이 있다.

만약 B가 '나는 OK, 너는 NG'의 태도를 가지고 '공격 · 남 탓 게임'(게임의 종류는 뒤에서 자세히 다룬다)을 시작한 거라면 "그런 것도 해결 못 해요?", "정말 무능하네요!"라고 A를 벌줌으로써 만족을 얻었을 것이다.

또는 B가 '나는 NG, 너는 OK'의 태도를 가지고 있다면, '죄책감'이라는 보상을 추구할 것이다. 그나마 선배 직원 A를 게임에 끌어들인 것을 심하게 후회한다면 다행이지만, '나는 왜 항상 이렇게 복잡한 일에 휘말리는 걸까'라며 비극의 주인공을 연기한 것에 만족할 수도 있다. 이처럼 표면적으로는 같은 게임을 하고 있더라도 그 동기나 얻고 싶은 보상은 사람에 따라 완전히 달라진다.

한 차례의 게임이 끝나면 미끼를 문 사람은 물론이고 게임을 시작한 플레이어에게도 씁쓸한 뒷맛만이 남는다. 그런데도 무의식이 보상을 추구하며 게임을 반복하게 한다. 한마디로, 게임은 골치 아픈 커뮤니케이션 패턴이다.

게임의 대상으로는 앞서 든 사례의 A처럼 남들의 고민을 진지하게 들어주는 사람이나 공격당했을 때 감정이 격해져 반발하는 사람 또는 사소한 일에도 쉽게 주눅 드는 사람 등이 선택된다. 플레이어가 무의식적으로 자신의 의도에 맞는 사람을 선택하기 때문이다.

게임의 공식을 이해하면 상대가 게임을 걸어오더라도 냉정하게 대처할 수 있다. 반대로 자신이 게임을 시작했을 때도 상황을 더 쉽게 인지하고 중단할 수 있다. 탕비실 사례에서 본 것처럼, 사람은 인생의 다양한 장면에서 자신이 게임을 시작하거나 상대가 걸어온 게임에 휘말린다. 게다가 그런 일은 대부분 무의식중에 일어난다.

게임의 공식

미끼 + 약점 A의 약점에 대해 B가 미끼를 던진다.

미끼 = 오늘 시간 있으세요? 무슨 일일까? 두근두근…. = 약점

반응 A가 반응한다.

  술 한잔하면서 이야기하자. = 반응

역할 교대 정작 게임을 시작한 사람은 B인데, A가 시작한 것처럼 흥분한다.

네? 그럴 생각 없어요! 우리 집에서 한잔 더 할까?

혼란 A가 혼란에 빠진다.

 어!? 이게 아닌데….

보상 B는 A를 벌주는 것으로 보상을 얻는다.

➡ **공격 · 남 탓 게임의 완성**

 저 사람은 정말 단순해.

말속에 담긴 숨은 메시지

　앞에서 미끼를 설명할 때 '숨은 메시지'를 잠시 언급했는데, 게임을 이해하는 데 중요한 개념이므로 좀 더 자세히 설명하겠다. 숨은 메시지란, 입으로 뱉은 말 뒤에 감춰진 진짜 메시지를 의미한다. 자신이 의식하지 못하는 사이에 숨은 메시지를 보내는 경우도 있다. 반면 메시지를 받는 사람은 웬만큼 둔하지 않은 이상 분위기나 표정 등으로 알아차리게 된다. 게임은 이 숨은 메시지를 보냈을 때부터, 또 상대가 그것을 받아들여 반응했을 때부터 시작된다.

　숨은 메시지로 시작되는 게임의 예를 몇 가지 살펴보자.

사례 1. 고부간의 대화

시어머니가 며느리를 아들을 빼앗아 간 침입자로 생각하는 경우, 둘 사이가 좋을 리 없다. 그런 시어머니 입장에서 보면 며느리의 역할은 아들을 보살피는 것과 가문의 대를 잇는 것이다. 며느리의 인생 따위는 아무래도 상관없다. 그래서 다음과 같은 대화가 이루어진다.

표면적 메시지
시어머니: 일이 많이 힘들지? 아프면 안 돼.
며느리: 전 괜찮아요. 걱정해주셔서 고맙습니다.

언뜻 들으면 며느리를 걱정하는 좋은 시어머니와 공손한 며느리처럼 보인다. 그러나 여기에는 다음과 같은 숨은 메시지가 있다.

숨은 메시지
시어머니: 직장을 그만두고 집안일에 전념하지 그러니?
며느리: 제가 그 속을 모를 것 같으세요?

시어머니는 '네가 무슨 일을 해? 가정을 지켜야지'라고 생각하던 터라 빈정거림을 담아 메시지를 보냈다. 이에 며느리는 시어머니의 말에 숨은 메시지가 있다고 느꼈고, 말속에 빈정거림이 담겨 있다고 받아들였다. 자신을 집안을 유지하기 위한 수단으로만 생각하고, 자기 삶에 대해서는 진심으로 걱정해주지 않는다는 느낌을 받은 것이다.

사례 2. 간호사와 환자의 대화

표면적 메시지

환자: 너무 아파요. 약을 주든 주사를 놓든 어떻게 좀 해줘요!

간호사: 조금만 참으세요.

숨은 메시지

환자: 나를 돌보는 게 당신 일이잖아!

간호사: 바쁘니까 그만 좀 불러요!

숨은 메시지를 보면 환자는 상대의 흠집을 찾아 자신의 OK를 확인하기 위한 게임을 하고 있는 것 같다. 그리고 간호사는 '동정 얻기'나 '책임 떠넘기기'를 위한 게임을 벌이고 있는 것처럼 보인다.

사례 3. 부모와 자녀의 대화

부모와 자녀의 관계에도 여러 가지 문제가 있다. 특히 자녀의 생활에 간섭이 심한 부모 또는 아예 무관심한 부모와 사춘기 자녀 사이에는 싸움이 끊이지 않는다.

표면적 메시지
부모: 이렇게 말하는 건 다 너를 위해서야.
자녀: 알았으니까 그만해요.

숨은 메시지
부모: 내가 말하는 대로만 하면 돼.
자녀: 내 일은 내가 결정해요. 나는 꼭두각시 인형이 아니라고요.

이 숨은 메시지를 보면 부모에게서는 '너를 위해서'라는 전형적인 가면을 쓴 '타인 지배' 게임이 엿보이고, 자녀에게서는 '책임 전가'나 '몰아세우기' 게임이 보인다.

사례 4. 상사와 부하 직원의 대화

　회사 내 인간관계의 기본인 상사와 부하 직원 간에는 권력이 얽혀 있기 때문에 뒤틀린 심리가 표출되기 쉽다.

표면적 메시지

상사: 또 휴가를 신청했군.

부하: 무슨 문제가 있을까요?

숨은 메시지

상사: 이렇게 바쁠 때 휴가라니, 일을 좀 우선시해.

부하: 내 권리를 행사하는 건데 뭐가 문제야?

사례 5. 동료 간의 대화

　회사 인간관계의 또 다른 기둥인 동료 간에도 경쟁, 질투, 공격 등으로 인한 복잡한 인간관계를 엿볼 수 있다.

표면적 메시지

동료 1: 부장님하고 사이가 좋아 보이더라.

동료 2: 그냥 취미가 같을 뿐이야.

숨은 메시지
동료 1: 부장한테 아부 좀 그만 떨어.
동료 2: 너도 하고 싶은데 못 하니까 샘나지?

동료 1의 비아냥거림에서는 일종의 '흠 찾기' 게임이 보인다. 질투에서 비롯된 비난, 공격일 것이다.

이처럼 사람은 가끔 숨은 메시지를 사용해 상대를 게임에 끌어들여서 보상을 얻으려고 하는 경향이 있다. 게임을 통해 '나는 OK, 너는 NG' 등의 태도를 확인하는 것이다. 물론 모든 대화에 숨은 메시지가 있는 것은 아니다. 매번 그런 것을 신경 썼다가는 정신이 견디지 못할 것이다. 다만, 사람은 이런 숨은 메시지를 사용해 게임을 하는 경향이 있다는 사실 정도는 알아두는 것이 좋다.

나도 모르는 사이에 벌어지는
일곱 가지 심리 게임

그렇다면 일상적으로 벌어지는 게임에는 어떤 것들이 있을까? 에릭 번은 '킥 미kick me 게임'이나 '법정 게임' 등 30가지 이상의 인생 게임을 소개했다. 그만큼 다양하기 때문에 자신도 주위 사람들도 게임이 진행 중이라는 사실을 알아채기 어렵다. 여기에서는 인생 게임을 크게 일곱 가지로 분류하고 각각의 특징을 소개한다.

일곱 가지 인생 게임

① 자멸 게임: 어차피 나는 안 되니까

당신 주변에도 자주 지각을 하거나 아무리 주의를 줘도 똑같은 실수를 반복하는 사람이 있지 않은가? 옆에서 보고 있자면 속에서 뭔가가 욱하고 올라오는 사람 말이다. 바로 그런 이들이 하는 행동이 이 게임이다.

이 패턴의 게임은 '나는 NG, 너는 OK'나 '나도 NG, 너도 NG'라는 태도의 인생 각본을 가진 사람이 많이 한다. 자신의 무능함을 확인하고, 무능한 자신을 벌하는 것이 이 게임의 보상이다. 게임을 시작하는 사람은 무의식중에 주변 사람들을 도발해 자신에게 비난의 화살이 집중되게 한다. 그렇게 해서 상사 등에게 혼이 나고 주위에서 거절당함으로써 '역시 나는 안 되는 인간이야'라는 부정적인 인생 각본을 확인한다.

아버지가 알코올 중독자여서 고통당했던 사람은 표면상으로는 '나는 아버지처럼 되지 않을 거야'라고 생각한다. 하지만 그 이면에는 '건강하면 안 돼'라는 금지령이 자리하는 경우가 있다. 그래서 자신도 아버지처럼 술을 마시며 방탕한 삶을 살게 된다.

② 공격·남 탓 게임: 무릎 꿇어!

"약을 주든 주사를 놓든 어떻게 좀 해줘!"라고 소리를 질러대는 환자나 "음식이 늦게 나왔으니 돈을 못 내겠어"라고 억지를 부리는 손님, "칠칠치 못하게 이런 곳에 자료를 방치하다니!"와 같이 사소한 일을 가지고 계속 트집을 잡는 상사. 이런 사람들이 하는 것이 '공격·남 탓 게임'이다.

이 게임을 하는 사람은 '나는 OK, 너는 NG'나 '나도 NG, 너도

NG'의 태도를 가진 경우가 많다. 작은 실수를 했을 뿐인데 점원에게 무릎을 꿇으라고 하는 사람이나 학교에 터무니없는 요구를 하는 학부모 등이 바로 이 게임을 하고 있다고 봐야 한다.

이 게임은 타인을 부정함으로써 자신이 옳고 가치가 있다는 것을 증명하고자 한다. 그래서 이 게임을 하고 있는 사람은 언뜻 공격적이고 자신감이 지나친 것처럼 보인다. 그러나 마음속에는 사실 자기부정이 숨어 있다. 무능한 자신을 보호하기 위해 타인을 공격하며, 그런 행동을 통해 자신이 옳다는 것을 확인하고 싶어 한다.

③ 책임회피 게임: 나는 잘못이 없어

공은 자기 것으로 가져가고 실패는 부하 탓으로 돌리는 상사가 적지 않다. 상사의 지시에 따라 한 일이 잘못되어서 사장에게 지적을 받으면 "내가 언제 그렇게 지시했어! 네가 잘못 이해해서 이렇게 된 거잖아"라며 자신의 잘못을 인정하지 않는 사람 있잖은가. 이런 유형은 '책임회피 게임'을 하고 있는 것이다. 이 게임의 특징은 인생의 중요한 국면이나 책임에서 무작정 도망치는 것이다.

이 게임을 하는 사람은 일반적으로 '나는 OK, 너는 NG'라는, 자신을 긍정하는 태도를 갖고 있다. 자신을 긍정하는 마음은 인생을 적극적이고 발전적으로 살아가는 데 중요한 요소다. 그러나 자신을 긍정하는 데만 집착하기 때문에 타인을 인정하는 겸허한 마음이 없고, 무엇보다 어떤 경우든 책임을 지려 하지 않는다.

사실은 공부를 열심히 하지 않아서 시험에 떨어졌고 연습이 부족해서 시합에 졌을 뿐인데, "우리 집은 공부할 수 있는 환경이 못 돼", "운동장이 너무 뜨거워서 연습을 할 수가 없었어"라며 자기 이외의 요소에 책임을 전가하는 사람이 전형적인 유형이라고 할 수 있다.

④ 경쟁 게임: 어제도 밤새 일했어

"나, 어제도 밤새 일했어"라든가 "골치 아프게 또 동아리 임원을 맡게 됐어"라며 항상 '나는 열심히 일하고 있다', '나는 힘들다'라는 점을 과시하는 사람이 있다. 이것도 일종의 게임이다. 이 게임을 하는 사람은 타인의 칭찬만이 자신의 존재 가치를 확인시켜 준다고 믿으며, 있는 그대로의 자신은 가치가 없다고 느낀다. 무조건 열심히 노력해서 다른 사람보다 대단하다고 느껴야 직성이 풀린다.

일 중독인 사람이 바로 이 게임을 하고 있다고 말할 수 있다. 날마다 밤늦게까지 야근하면서 주위 사람들에게 '나는 이렇게 열심히 노력하고 있어'라고 과시한다. 하지만 사실은 마음속 깊은 곳에 있는 열등감이나 콤플렉스 때문에 '나는 노력하지 않으면 가치가 없는 존재야'라고 믿고 있다.

⑤ 타인 지배 게임: 다 널 위해서 하는 말이야

이 게임은 타인을 지배하고자 하는 유형의 사람이 하는 게임이다. 자기 생각대로 움직이지 않는 부하 직원을 꾸짖는 상사, 자신이 이루지 못한 꿈을 자녀에게 강요하며 자식을 분신처럼 여기는 부모가 대표적인 예다. 반드시 힘으로 억누르는 방법으로만 지배하는 것은 아니다. 자신의 불행한 처지를 앞세워 상대의 동정심을 유발하면서 지배하는 경우도 있다. 예를 들어 '나는 NG'의 태도를 가진 사람은 자신의 불행을 과장되게 말함으로써 상대의 동정심을 끌어내 지배하려 한다.

당신도 "나는 저혈압이니까", "옛날부터 몸이 약해서"라며 자신의 병약함을 강조하는 사람, 간단한 일을 부탁했을 뿐인데 엄살을 부리는 사람을 주변에서 종종 봤을 것이다. 만약 단순히 "괜찮아?", "힘들겠다"라는 말을 듣고 싶어 한다면 '경쟁 게임'이다. 그게 아니고 "몸이 좀 안 좋아서 그러는데, 근무 시간 좀 바꿔줄 수 있어?"라든가 "도저히 혼자서 끝낼 수 있는 일이 아니야"라며 상대의 행동을 지배하려 한다면 '타인 지배 게임'을 하는 것이다.

동정을 얻는 것만이 지배 수단은 아니다. 상사에게 업무 관련 상담을 했다고 가정하자. 상사는 당연히 "이렇게 하는 게 좋지 않을까?"라며 조언을 해줄 것이다. 그런데 기껏 조언해준 상사에게 "네. 하지만 이런이런 이유로 그렇게 하기는 어려울 것 같습니다"라고 모조리 부정하는 사람이 있다. 이것도 상대를 지배하는 방법 중 하나다. 상대에게 해결책을 구하면서 조언을 계속 부정하면, 상대는 어이가 없어지고 무력감을 느끼며 때에 따라서는 화를 내기도 한다. 그러면 게임에 걸려든 것이다. 플레이어는 상대의 의견을 부정함으로써 자기 생각대로, 자신의 의도대로 진행되게 한다.

'나는 OK, 너는 NG'의 태도를 가진 사람이 이 게임을 하면 '너를 위해' 또는 '너를 생각해서'라고 말하면서 상대의 행동을 시시콜콜 간섭하고 가르치려 한다. 이것은 물론 '너를 위해서'가 아니다. '나를 위해서'다. 그렇게 해서 상대의 자유를 빼앗고, 무슨 일이 생기면 "그것 봐, 내 말대로 안 하니까 그렇게 된 거야"라며 상대에 대한 지배력을 점점 키워간다.

⑥ 복수 게임: 이 원한은 반드시 갚아주겠어

이름부터 무서운 게임이다. 평소 집안일을 도와주지 않는 남편에게 화가 나서 부인이 친정으로 가버렸다거나 일이 덜 끝나서 다음에 만나자고 했더니 애인이 삐쳐서 말도 하지 않는다거나 하는 상황, 당신도 상상되지 않는가? 부부나 연인 사이에서 종종 벌어지는 일이다. 그래도 이 정도면 아직 괜찮다. 일이 커져서 복수 게임이 되면 큰일이다.

이 게임의 목적은 말 그대로 자신에게 나쁜 짓을 한 누군가에게 복수를 하는 것이다. 다만, 복수의 상대가 나에게 나쁜 짓을 한 사람이 아닐 수도 있다는 것이 문제다. 예를 들어 남자친구가 다른 여자와 잠깐 이야기를 나눴을 뿐인데 "다음에 또 걔랑 얘기하면 그땐 정말 끝이야"라고 화를 내면서 남자친구를 구속하는 여자가 있다고 해보자. 언뜻 남자친구가 원인을 제공한 것처럼 보인다. 하지만 이 여자가 정말로 복수하고 싶어 하는 상대는 따로 있으며 그것이 원인일 경우도 있다. 자주 바람을 피워서 엄마를 울렸던 아버지일 수도 있고, 양다리를 걸치다가 결국 자기를 버린 전 남자친구일 수도 있다. 그런 과거의 콤플렉스나 마음의 상처가 '복수 게임'의 원인이 되기도 한다.

또 복수 게임에 지배당하는 사람은 타인의 행복을 인정하지 않는다. "나 결혼해"라고 친구에게 말했더니 그 친구가 뒤에서 자기 욕을 했다거나, 동기 중에서 혼자만 승진한 후 동기들에게 따돌림을 당하는 것도 복수 게임의 일종이다. 개중에는 행복한 친구에게 나쁜 일이 생겼으면 좋겠다고 생각하는 사람도 있다. 자신에게 열등감을 주는 사람이 잘못되기를 바라면서 복수심에 불타는 것이다.

⑦ 의존 게임: 왜 답장을 안 해?

남자친구가 전화를 받지 않거나 문자를 보냈는데 답장이 조금만 늦어도 불안해져서 계속 전화나 문자를 보내는 여자는 의존 게임을 하고 있을 가능성이 크다. 이것은 상대에게 무작정 매달리고 의지하는 것을 목적으로 하는 게임이다. 자신을 비극의 주인공으로 만들고, 때로는 거짓 이야기를 지어내서 상대나 주위 사람들의 동정을 사려는 사람도 있다. "내 고통을 아무도 알아주지 않아"라고 하소연하면서 상대를 게임에서 벗어나지 못하게 한다.

이 게임을 하는 사람 중에는 '생각하지 마'나 '성장하지 마' 금지령을 가지고 있는 이들이 많다. 그래서 상대방에게 의존하려 한다. 선배의 자리로 올라가지 못하고 언제까지나 후배로 있고 싶어하는 사람도 이 게임을 하고 있을 확률이 높다. 무엇에 대해서도 책임지기 싫어서 계속 누군가에게 의지하는 것이다.

인생 각본의 틀이 되는 고정관념

지금까지 설명했듯이 사람은 유년기의 금지령 등을 통해 인생이나 세상에 대한 기본적인 태도를 만들어내고, 자기 마음대로 '나는 이런 인생을 살게 될 거야' 또는 '나는 이런 인생을 살아야 해'라는 인생 각본을 써버린다. 그리고 그 인생 각본을 수행하기 위한 게임에 참가한다. 행복해진다는 각본을 가지고 행복해지기 위한 게임을 계속하는 사람은 문제가 없지만, 불행해진다는 각본을 가지고 매일 불행해지기 위한 게임을 계속하는 사람은 난관에 직면하게 된다. 의식적으로는 행복해지고 싶다고 생각하는데도 자연스럽게 불행의 길로 빠져버린다. 인생 각본의 힘은 강력해서 바꾸려고 해도 쉽게 바뀌지가 않는다.

그렇다면 여기서 한 가지 궁금한 것이 있을 것이다. 그렇게 만들어진 인생 각본을 과연 어떻게 해야 다시 고쳐 쓸 수 있는가 하는 것이다. 결론부터 말하면, 100%는 아니더라도 분명 바꿀 수는 있다. 이 책에서는 그 방법을 설명할 것이다. 하지만 그 전에 각본에 숨어 있는 수많은 고정관념에 관해 이야기하고자 한다. 애초에 금지령 탓에 갖게 되는 '이렇게 해야 한다', '저렇게 해야 한다'라는 사고방식은 유년기에 우리가 자기 마음대로 머릿속에 새겨넣은 고정관념이다. 예컨대 부모나 교사가 "이래야 해"라고 말했다고 하더라도 그 말을 따를지 거부할지는 자신에게 달렸다. 다시 말해, 당신이 그 말을 따르겠다고 결심한다면 그 시점이 바로 '부모나 교사는 옳다'라는 고정관념을 갖게 되는 순간이다.

정해진 삶을 바꾸고 싶다면, 그리고 각본에 지배당하는 인생을 살고 싶지 않다면 먼저 각본의 틀이 된 고정관념에서 벗어나야 한다.

제2장

마음의 균형을 잡으면
인생이 편안해진다

자기의식이 높은 사람은 항상 자기가 한 행동을

반성하거나 자신을 이해하려고 한다.

또한 주위 사람들이 자기를 어떻게 생각하는지도 신경 쓴다.

그래서 **주위의 평가를 유독 궁금해한다.**

일상의 의문을 차단하는 고정관념

인생 각본을 이루는 고정관념은 당신 인생의 대부분을 지배한다고 해도 과언이 아니다. 예를 들어 당신은 어떤 성격인가? 밝은 성격인가, 어두운 성격인가? 소극적인가, 아니면 적극적인가? 누구나 자신의 성격이 어떤지 규정지어 말하지만 그것은 고정관념이라고 할 수 있다. 왜냐하면 근거가 없기 때문이다.

예를 들어 어두운 성격이라고 말하는 사람은 어떤 이유를 댈까? '다른 사람과 이야기하는 게 꺼려진다', '방에 혼자 틀어박혀 있는 게 좋다', '금방 우울해진다' 같은 이유를 들지도 모른다. 그러나 아무도 그렇게 해야 한다고 강요하지 않았다. 그 행동을 선택한 사람은 바로 그 자신이다. 그 행동이 쌓여서 완성된 것을 두고 '나는 어두운 성격이야'라고 믿을 뿐이다. 성격은 오늘부터라도, 지금 이 순간부터라도 어떻게든 바꿀 수 있다.

끝까지 파고들었을 때 아무 근거가 없다고 밝혀지는 믿음을 고정관념이라고 한다. 고정관념은 항상 착용하고 있어서 몸의 일부처럼 돼버려 자신이 착용하고 있는지조차 느끼지 못하는 안경과 같다. 그런데 당사자는 그 안경을 통해 세상을 바라본다. 고정관념의 정의는 '자신도 자각하지 못한 상태에서 합리적인 근거가 없거나 잘못된 근거를 바탕으로 단정하고 확신해버리는 마음의 작용'이다.

고정관념의 특징을 정리해보면 다음과 같다.

- 너무나 자명한 이치이고 당연해서 그것이 있는지도 의식하지 못한다.
- 자기도 모르는 사이에 그것을 전제로 삼아버린다.
- 조금의 의심도 하지 않는다.
- 다른 선택지가 있다는 가능성을 전혀 생각하지 않는다.
- 근거를 따질 필요성조차 느끼지 못한다.

요컨대 너무 당연해서 그것에 대해 전혀 의심하지 않고 다른 선택지를 생각하거나 근거를 따질 필요도 없다고 생각하고 전제로 삼는 것, 그것이 고정관념이다.

'명문 대학에 들어가 대기업에 취직하면 성공한 인생이다'라고 생각하는 것도 고정관념이다. 명문 대학에 들어가 대기업에 취직한 이들 중에서도 회사에서의 인간관계가 좋지 않아 이직을 반복하는 사람이 있는가 하면, 회사를 그만두고 집에 틀어박혀 은둔 생활을 하는 사람도 있다. 반대로 고등학교를 졸업하고 곧바로 돈을 벌기 시작해 일찌감치 결혼해서 행복한 가정을 꾸린 사람도 있다. 행복을 결정하는 것은 대학의 등급이나 회사의 규모가 아니다.

또 '부자가 되면 행복해질 수 있다'라는 생각도 고정관념이다. 돈은 그저 종이일 뿐이다. 모두가 신뢰하기 때문에 물건을 살 때 편리하게 이용할 수 있긴 하지만, 그런 종이를 많이 가지면 행복해질 수 있다는 것은 단순한 고정관념일 뿐이다.

고정관념대로 살면 인생이 단순해진다

왜 사람은 고정관념을 가지는 걸까? 고정관념이 뇌의 부담을 줄여주므로 편하게 사는 데 도움이 되기 때문이다. 만약 고정관념이 전혀 없다면 어떻게 될까? 극단적으로 말하면 '옷을 입어야 하나?', '가족을 믿어야 하나?', '식사는 해야 하나?'라는 것부터 생각해야 한다. 당신이 이렇게 책을 읽을 수 있는 것도 그동안의 경험이 만들어낸 일종의 고정관념 덕분이라고 할 수 있다. 사람은 보다 효율적으로 살기 위해 불필요한 생각을 하지 않도록 고정관념을 갖는다.

정상적인 일상생활을 유지하려면 '왜?'라는 의심의 고리를 적당한 곳에서 끊어낼 필요가 있다. 어린아이들은 고정관념이 발달하지 않았기에 어른들에게 "왜?"라는 질문을 반복한다.

"자동차는 왜 빨라?"

"아빠는 왜 회사에 가?"

"해는 왜 동쪽에서 떠?"

어른들에게는 너무나 당연한 것들인데도 아이들은 일일이 '왜?'라는 질문을 던진다. 그래서 어른들은 영원히 계속될 것 같은 아이의 질문을 적당한 곳에서 멈추게 할 필요성을 느낀다.

자녀: 왜 유치원에 가야 하는 거야?

부모: 유치원에 가야 초등학교에 갈 수 있거든.

자녀: 왜 초등학교에 가는 거야?

부모: 공부하려고 가는 거야.

자녀: 왜 공부를 해야 하는데?

부모: 그건…, 꼭 해야 하니까! 그만 물어보고 가서 자!

아마도 많은 사람이 어렸을 때 엄마나 아빠와 이런 식의 대화를 한 적이 있을 것이다. 이처럼 '왜?', '어째서?'라고 근거를 찾아 영원히 거슬러 올라가는 것을 '무한 후퇴'라고 한다. 아이는 '왜?'

를 반복하면 결국 최종적인 진실에 도달할 수 있다고 생각하지만, 어른들은 의문에 궁극적인 답이 없다는 것을 이미 알고 있기 때문에 적당한 시점에서 질문을 중단시킨다. 그러면 자신의 의문에 대한 궁극적인 답을 듣지 못한 아이는 의아해하면서도 '공부는 해야 하는 것'이라고 받아들인다. 그리고 이것이 고정관념이 된다.

시간이 지나면서 아이는 '시험을 잘 보기 위해서 공부를 해야 한다', '좋은 직장에 들어가기 위해서 좋은 학교에 들어가야 한다' 와 같은 다양한 고정관념을 갖게 된다. '공부를 못하는 아이는 낙오자다'라는 꼬리표도 사회가 만들어낸 고정관념일 뿐이다. 공부를 해야만 한다는 데 합리적인 근거가 없듯이, 세상에서 통용되는 상식 중 많은 것이 합리적 근거를 가지고 있지 않다.

이 그림은 보는 사람에 따라 노파로 보이기도 하고 젊은 여성으로 보이기도 한다. 같은 그림인데도 다르게 보인다는 점에서 각

자의 생각과 사고방식이 사물을 바라보는 시각에 얼마나 큰 편견을 부여하는지 알 수 있다. 우리는 사물을 인지할 때 자신만의 필터를 통해 바라보게 된다. 필터가 활성화되면, 중요하게 여기는 것 외의 정보는 그저 배경으로 전락한다. 이 그림에서 노파와 젊은 여성을 동시에 보기는 어려운 것처럼 말이다.

사람은 정보를 모아서 질서를 만들어냄으로써 불완전한 데이터에서 완전한 의미를 읽어내는 습성을 가지고 있다. 그 과정은 마음의 필터를 통해 진행된다. 자신에게 편리한 질서를 만들어냄으로써 스스로 인정할 수 있는 완전한 의미를 찾아내는 것이다.

진정한 나는 고정관념이 만들어낸 착각이다

한때 '자아 찾기'라는 것이 유행했다. 진정한 나를 찾기 위해 여행을 떠나는 젊은이들도 많았다. '하고 싶은 일이 무엇인지 모르겠다', '지금의 나는 진정한 내가 아니다', '인생의 목표를 찾지 못하겠다' 같은 고민을 안고 있는 사람은 해결책을 찾아 이직을 반복하기도 하고, 경제적으로 여유가 있는 사람은 전 세계를 돌아다니며 여행을 하기도 한다.

그러나 '진짜 나'와 같은 것은 없다. 그저 고정관념일 뿐이다. 사람은 태어나서 '나'라는 존재가 있다고 믿고 살지만, '나'라는 존재는 그 자체가 고정관념이 만들어낸 허상에 지나지 않는다. 궁극적으로 인간은 지구라는 커다란 먼지 덩어리 위에서 꿈틀거리며 살아가는 단순한 생물인지도 모른다. 예컨대 플랑크톤이나 벌레에게 '나'라는 존재가 있을까? 우리 인간은 자신의 정체성에 의지함으로써 마음의 평안을 얻고 있는 것은 아닐까?

나라는 고정관념에 관한 이야기를 계속하려면 책 한 권을 새로 써야 할 정도이므로 이쯤에서 끝내겠다. 나라는 존재를 포함해 세상은 고정관념으로 가득하며, 세상이 고정관념으로 이루어져 있다는 사실만 기억하자.

이런 고정관념의 근거로 쓰이는 재료는 세 가지로 나눌 수 있다. 첫째 과학적·객관적 데이터, 둘째 지위나 직함, 셋째 상식이나 평판이다. 그러나 이 근거로 쓰이는 재료들조차 고정관념투성이다.

고정관념의 세 가지 근거

① 과학적·객관적 데이터

수치와 같은 데이터를 근거로 하는 것을 흔히 볼 수 있다. '숫자는 거짓말을 하지 않는다'라는 믿음도 있다. 그래서 언뜻 보면 올바른 근거처럼 생각되지만, 데이터라고 해서 반드시 믿을 수 있는 것은 아니다. 예를 들어 방송국에서는 여론조사를 자주 하는데, 이것도 다 믿을 수 있는 것은 아니다. 여론조사를 할 때 방송국이 원하는 대답을 얻기 위해서 질문을 조정하기도 하기 때문이다.

다음 수치는 몇 년 전 일본에서 큰 이슈가 됐던, 소비세를 10%로 올리는 문제에 관해 각 언론사가 여론조사를 실시한 결과다.

- 아사히 신문: 찬성 24%, 반대 69%

- 요미우리 신문: 찬성 25%, 반대 72%

- 마이니치 신문: 찬성 25%, 반대 68%

- 산케이 신문: 찬성 32.1%, 반대 65.4%

- 닛케이 신문: 찬성 30%, 반대 63%

이 데이터를 보면 대략 70%에 가까운 일본 국민이 소비세 재인상(일본의 소비세는 근 20년 가까이 5%를 유지하다가 2014년 4월 8%로 인상됐다. 그리고 2019년 10월 10%로 또 한 번 인상됐다. 당시 5년 만에 소비세를 또 인상한다는 것에 대해 반대 의견이 많았다-옮긴이)에 반대한다는 사실을 알 수 있다.

한편 NHK가 실시한 여론조사에서는 '아베 총리가 어떤 판단을 해야 하나?'라는 질문에 '예정대로 인상해야 한다'가 23%, '인상 시기를 늦춰야 한다'가 35%, '인상하지 말아야 한다'가 38%였다. 이 조사를 근거로 NHK는 '예정대로 인상해야 한다고 답한 사람이 전체의 4분의 1이었다'라고 보도했다. 그런데 여기서 '예정대로 인상해야 한다'와 '인상 시기를 늦춰야 한다'라고 대답한 사람의 수치를 더하면 58%로, 50%가 넘는 사람들이 소비세 재인상을 수긍한다는 얘기가 된다. 이러면 소비세 인상에 관한 문제가 전혀 다르게 보인다.

숫자는 객관적 사실처럼 보일 수 있지만 그 데이터를 생산한 쪽의 의도가 숨어 있는 경우가 많다. 숫자 자체는 객관적으로 보여도 '그것을 어떻게 해석할 것인가?', '어떤 숫자를 도출할 것인가?'에는 역시 사람의 고정관념이 영향을 미친다.

'지구는 둥글다'라는 것도 고정관념일 가능성이 있다. 내가 학생 180명에게 '지구가 둥글다는 믿음'에 대한 확신도(최고 100%)를 조사했더니 약 85%가 확신한다고 답했다. '믿는 근거'가 무엇이냐는 질문에 대해 '우주에서 찍은 사진을 봤기 때문에'가 132명, '학교에서 그렇게 배웠기 때문에'가 76명, '그게 상식이니까'가 51명으로 이 세 가지 대답이 상위를 차지했다. 한편 믿지 않는 이유로는 '내가 직접 본 것이 아니기 때문에'가 가장 많았다. 이런 관점은 매우 중요하다.

만약 '믿는다'고 응답한 상위 세 가지 집단에게 자신의 근거가 정말로 올바른 근거인지를 집요하게 추궁한다면 아마도 끝까지 의견을 고수할 수 있는 사람은 거의 없을 것이다. 실제로 자신이 본 것이 아니기 때문에 정말 둥근 게 맞느냐는 질문을 계속 받으면 결국에는 대답을 못 하게 된다.

미국에는 '플랫 어스 소사이어티Flat Earth Society'라는 단체가 있다. 지구는 평평하다고 주장하는 단체다. '지구는 둥글다'라는 과학적이고 객관적으로 밝혀진 사실조차도 아직 믿지 못하는 이들이 있는 것이다.

참고로 미국에는 진화론을 믿지 않는 사람이 약 3분의 1이나 된다고 한다. 아마도 종교의 영향으로 신이 지금의 인간을 만들었다고 믿는 사람이 많기 때문일지도 모른다. 그래도 어쨌든 '지구는 둥글다'라는, 아무리 생각해도 객관적이고 명백한 사실조차 고정관념일 가능성을 열어둬야 한다. 왜냐면 당신이 직접 보지 않았으니 말이다.

② 지위나 직함

'TV에 나왔기 때문에', '의사가 권해서', '유명인도 사용한다고 해서' 등의 이유로 무엇인가를 맹목적으로 믿는 사람이 많다. 황제 다이어트, 간헐적 단식, 저탄고지 다이어트 등 해마다 새로운 다이어트가 유행했다가 사라진다. 이런 다이어트를 시도해보는 사람들은 TV나 잡지에서 소개한 것을 보고 다들 하는 다이어트니까 분명 효과가 있으리라고 생각할 것이다. 이렇게 미디어에서 소개했다는 사실도 하나의 근거가 되며, 사회적 지위를 가진 사람의 발언도 근거가 된다.

사회적 문제가 된 보이스피싱도 지위나 직함을 교묘하게 이용한 범죄다. "검찰청입니다" 또는 "경찰입니다"라는 말을 들으면 사람들은 아무 의심 없이 믿는다. 그러나 지위와 직함은 어디까지나 사람이 나중에 만들어낸 것이다. 그것에 가치가 있다거나 신용할 수 있다는 것은 전적으로 고정관념에 지나지 않는다.

③ 상식이나 평판

"그 기획에 모두 반대해요", "이번 프로젝트는 모두 좋다고 하네요" 등 '모두'라는 단어가 쉽게 사용되는 경향이 있다. 이때 "모두가 누군데?"라고 물으면 정작 서너 명밖에 이름을 대지 못한다.

또 줄을 길게 서야만 들어갈 수 있는 음식점을 보면 '맛있으니까 사람들이 줄을 서겠지?'라고 생각해 자신도 그 줄에 동참하는 사람이 적지 않다. 그런데 실제로 먹어보면 '그렇게 맛있는지는 모르겠네. 줄까지 서가며 먹을 정도는 아닌 것 같아'라고 생각되는 곳도 있다. 식사를 마친 다른 사람들도 그리 만족스럽지 못한 표정이다. 그런데도 기다리는 손님은 줄어들 줄 모른다. 이유가 뭘까?

'모두가 줄을 서 있으니까 틀림없이 맛있을 것이다'라고 생각하는 것, 이것을 '동조심리에 의한 고정관념'이라고 한다. 이처럼 다른 사람들이 옳다고 생각하는 것을 자신도 옳다고 여기는 것을 심리학에서는 '사회적 증명'이라고 부른다. 사회적 증명의 함정에 빠지면 '모두가 좋다고 하니까 좋을 거야'와 같이 판단의 축이 자신이 아닌 타인이 돼버린다. 자기 머리로 생각할 수 없게 되는 것이다.

'모두 그렇게 말한다'나 '줄을 길게 서 있다' 등은 판단의 기준이 될 수 없다. 사람들은 대체로 상식이나 세상의 평판을 근거로 삼는 경향이 있는데, 이 역시 고정관념에 지배당하기 때문임을 알아야 한다.

마음이 한쪽으로 치우치면 나타나는
네 가지 현상

일요일 밤이 되면 '내일 또 출근이구나'라는 생각에 우울해지는 직장인이 많을 것이다. 우울해지는 이유는 '일은 괴로운 것'이라는 고정관념이 있기 때문이다. 일이 즐겁다고 생각하면 기대나 흥분이 솟아나 일요일 밤도 기분 좋게 보낼 수 있을 것이다. 이처럼 같은 상황이라도 당사자의 고정관념이 무엇인지에 따라 즐거워지기도 하고 괴로워지기도 한다.

고정관념은 온갖 인지 편향으로 형성된다. 인간인 이상 마음이 한쪽으로 치우치는 것은 어쩔 수 없는 일이다. 다만, 자신에게 어떤 인지 편향이 있는지 파악하는 것은 매우 중요하다. 대표적인 인지 편향 네 가지를 소개하겠다.

네 가지 인지 편향

① 단정적 사고

심리학 용어로 '스키마schema'라는 것이 있는데, 마음의 틀을 의미한다. 세상에는 편견이 넘쳐난다. 예를 들어 머리카락을 노랗게 염색하고 진한 화장에 화려한 옷을 입은 여성이 아이와 함께 걷고 있는 모습을 봤다면 당신은 어떤 생각이 들까? 아마도 '아이를 제대로 키우지 않을 것 같다', '집안일을 안 할 것 같다'라는 생각이 들 것이다. 이처럼 '화려하게 꾸민 사람은 일을 대충 한다'라는 편견은 스키마의 일종이다.

실제로 대화를 해보면 매사에 성실하고, 육아나 집안일도 제대로 하고 있는 사람일 수도 있다. 그런데도 아무런 근거 없이 가까이하지 않는 게 좋겠다고 판단하고는 경계심을 드러내기도 한다. 이런 낙인찍기는 무의식중에 일어날 때가 많다. 낙인을 찍어 무언가를 규정하고 나면 편하기 때문이다.

우익과 좌익으로 나누는 것도 낙인찍기의 일종인데, 최근 몇 년 사이에 일본에서 유행한 넷우익(일본의 인터넷상에서 주로 활동하는 극단적 우익 성향의 네티즌-옮긴이)이 대표적이라고 할 수 있다. 사람들은 기본적으로 성향을 기준으로 사람들을 분류하는 습성을 가지고 있다. 그렇게 분류하면 이해하기가 쉽기 때문이다.

② 욕망

남자들이 길을 가다가 예쁜 여자를 보면 자기도 모르게 쳐다보는 경우가 있다. 이성에 대한 욕망이라는 고정관념이 '쳐다본다'라는 행동으로 나타나는 것이다. 욕망이라는 일종의 근원적인 편향이다.

'본능이 시키는 대로'라는 표현이 있다. 이런 말을 들으면 생각하기 전에 행동한다는 인상을 받는데, 실제로는 욕망이라는 인지 편향이 작용한다. 단것을 충동적으로 먹는 이유는 '단것을 먹고 싶다'라는 욕망이 있기 때문이며, 그 밑바탕에는 '단것을 먹으면 기분이 좋아진다'라는 인지 편향이 있기 때문이다.

③ 감정

기쁘다, 즐겁다, 괴롭다, 무섭다 같은 감정도 편향을 만든다. 감정에 따라 인지 방식은 달라진다. 썰렁한 개그를 남발하는 상사가 있다고 해보자. 기분이 좋을 때는 '분위기를 띄우려고 그러는구나'라고 호의적으로 생각하며 웃을 수 있지만, 피곤할 때는 '재미도 없는데 왜 저렇게 눈치 없이 계속할까?'라며 짜증이 난다. 타인의 성공에 대해서도 자신의 상황이 좋을 때는 함께 기뻐해 줄 수 있지만, 상황이 안 좋을 때는 질투심이 솟구친다.

당신도 그런 경험을 해본 적이 있을 것이다. 이를 '기분 일치 효과'라고 하는데, 상황을 바라보는 방식이 기분에 따라 달라지는 현상을 뜻한다. 즉 기분이 좋을 때는 좋은 정보를, 기분이 나쁠 때는 나쁜 정보만을 모으게 된다.

연인이나 친구에게 문자를 보냈는데 한동안 답장이 없어서 초조하거나 불안했던 적이 있는가? 그런 기분일 때 돌아온 답장이 냉담하고 건조한 내용이면 '내가 뭘 잘못해서 화가 났나?', '내가 싫어졌나?'라는 생각에 더욱 불안해진다. 이것도 인지 편향이다. 같은 상황이라고 해서 불안이라는 감정이 항상 생기는 것은 아니다. 만약 자신이 무언가에 몰두하고 있었다면 답장이 없어도 그다지 신경 쓰지 않았을 것이다. 스스로 불안의 재료를 계속 찾기 때문에 불안해지는 것이다.

④ 자기의식

사람들은 종종 "저 OO하지 않나요?"라며 자기평가를 한다. 많든 적든 사람은 자신의 성격을 분석한다. 이력서의 장점과 단점을 적는 곳에서 흔히 볼 수 있는 '저는 성실합니다', '저는 승부욕이 강합니다' 같은 특징 또한 편향에 지나지 않는다. 그리고 그 의식은 그렇게 명기함으로써 점점 강력해진다. 거짓도 진실이 되어간다.

심리학에서는 자기평가 등 자신의 의식을 인식하는 것을 '자기의식'이라고 한다. '자기의식이 높다 또는 낮다, 강하다 또는 약하다' 식으로 표현한다. 자기의식이 높은 사람은 항상 자기가 한 행동을 반성하거나 자신을 이해하려고 한다. 또한 주위 사람들이 자기를 어떻게 생각하는지도 신경 쓴다. 그래서 주위의 평가를 유독 궁금해한다.

헤어스타일이나 패션에 신경을 쓰는 것도 주위 사람들이 자기를 어떻게 생각할까 하는 '타인 평가'를 의식하기 때문이다. 이성이 좋아할 것 같은 옷이나 헤어스타일에 집착하는 것이 가장 알기 쉬운 예다. 그것도 결국 '옷을 잘 입는 사람은 이성에게 인기가 많을 것이다'라는 고정관념 때문에 나타나는 현상이다.

이런 인지 편향이 고정관념을 만들어내고 강화한다. 물론 편견을 완전히 없애고 세상을 바라본다는 건 거의 불가능하다. 그러나 이런 편향에 빠져 있다는 것을 의식하기만 해도 조금은 냉정해질 수 있다.

마음 깊은 곳에서 옳다고 믿는 신념

〈거인의 별〉이라는 야구 애니메이션은 믿음으로 채색된 세계다. '믿는다면 시련의 길을'이라는 가사로 시작되는 주제가도 그렇지만, 주인공이 상체에 강력한 스프링을 달고 특훈을 한 것도 아버지의 영향으로 자신이 장차 요미우리 자이언츠의 에이스가 되리라고 믿었기 때문이다. 아버지가 아들에게 거는 상상을 초월한 기대도 믿음이다. 믿음 하나로 요미우리 자이언츠의 에이스 자리를 거머쥔 아버지와 아들인 셈이다.

믿음은 성공하면 '신념'이 된다. 신념을 관철하는 사람의 이야기를 들으면 대단하다는 생각이 들 것이다. 그러나 그 신념도 고정관념이다. 어릴 적 부모의 교육이 철저했거나 가혹한 체험을 통해 정신적으로 강해졌으리라고 생각하겠지만, 그것은 환경이 아니라 고정관념이 작용한 것에 지나지 않는다.

원래 사람의 성격은 본인이 마음속 깊은 곳에서 믿고 있는 신념을 기반으로 이루어진다. 자신이 '옳다고 믿는 것'이 신념이 된다. 예를 들어 '대화하면 이해할 거야', '사람은 서로를 이해할 수 있어'라고 믿는 것도 고정관념일지 모른다. 대화를 통해 누구와도 교감할 수 있다면 전쟁이 왜 일어나겠는가. 하지만 이웃과 층간소음 문제로 다투다가 소송까지 가기도 하는 게 현실이다. 대화를 나눈다고 해도 서로를 이해하지 못하는 상황은 얼마든지 있다.

우리가 '신념'이라고 믿는 것은 다음과 같은 생각에서 생겨난다.

신념이 생겨나는 이유

① 가치가 있다고 생각하는 것과 현실이 일치해야 한다

간디나 테레사 수녀는 신념의 상징이라고 할 수 있다. 그들은 인도의 독립운동과 가난한 사람을 돕는 일이 가치가 있다고 생각하고, 그것을 실현하고자 행동함으로써 세상을 바꿔나갔다. 이때도 신념의 불씨가 된 것은 사실 고정관념이었다고 할 수 있다.

사회적인 활동뿐만 아니라 사업 아이디어도 마찬가지다. '계단이 움직이면 편하겠다'라는 생각에서 에스컬레이터가 탄생했고, '손으로 열지 않아도 문이 열리면 편하겠다'라는 생각에서 자동문이 탄생했다. 그것이 가치 있다는 것을 깨달은 누군가는 세상도 그것을 원한다고 믿었다. 에스컬레이터나 자동문은 정말로 수요가 있었기 때문에 이 세상에 존재하게 됐다. 수많은 사업 아이디어가 '이것은 분명 사람들이 좋아할 거야'라는 생각에서 나온다.

자신이 가치가 있다고 생각하는 것과 현실이 일치해야 한다는 생각이 강한 신념으로 이어진다.

② 모든 일에는 의미가 있다

사람들은 세상 모든 것에서 의미를 찾고자 하는 습성이 있다. 나쁜 일이 계속되면 '뭔가 의미가 있는 걸까?'라며 점을 보러 가거나 액운을 물리치는 부적을 사기도 한다. 그러나 실제로는 우연히 나쁜 일이 이어졌을 뿐, 현관이 안 좋은 방향으로 나 있어서나 삼재가 들어서가 아니다. 매사를 단순하게 생각하고 별생각이 없으면 신념은 생겨나지 않는다. '모든 일에 의미가 있다'라는 생각이 신념이 되는 것이다.

③ 주위 사람들도 나와 같은 의식을 가지고 있다

'남자는 강해야 한다', '노력하면 행복해질 수 있다', '돈만 있으면 걱정이 없다' 같은 생각은 '주위 사람들도 분명 그렇게 생각할 것이다'라는 생각을 기반으로 하는 경우가 많다. 그런 생각이 신념이 된다. 이런 생각들을 출발점으로 신념은 점점 단단해진다.

강한 신념을 가지면 그것이 행동의 지침이 되어 행동력과 자신감이 더해지고 즐거움도 생긴다. 반대로 신념을 잃으면 자신감도 없어지고 활력도 사라진다. 그런 의미에서 신념이 있다는 것은 좋은 일일지도 모른다. 그렇지만 무조건 좋기만 한 것은 아니다. 좋은 신념과 나쁜 신념이 있기 때문이다. 예를 들어 모든 전쟁은 '내가 옳다', '이것이 정의다'라는 신념 때문에 일어난다. 이렇듯 나쁜 신념은 비극을 낳기도 한다.

상식, 평판, 그리고 분위기

기업이 사회적 물의를 일으켰을 때 사장과 임원들이 기자회견 같은 자리를 만들어 머리 숙여 사과하는 장면을 가끔 볼 수 있다. 평판이 훼손될까 봐 택한 고육지책일 것이다.

아시아권 나라들에는 세상 사람들의 시선을 의식해서 생겨난 도덕과 윤리가 많다. 여기서 세상 사람들이란 불특정 다수, 즉 명확하게 떠올릴 수 없는 막연한 대상을 말한다. 한밤중이고 지나가는 차도 없는데 빨간색 신호등 앞에서 기다리는 모습이나 축구 경기를 응원하고 돌아갈 때 객석의 쓰레기를 줍는 모습 등은 드문 장면이 아니다. 누가 시키지 않아도 자연스럽게 이런 행동을 하는 건 '다른 사람에게 피해를 줘서는 안 된다', '세상이 결정한 규칙은 지켜야 한다'라는 불문율이 있기 때문이다. 즉, 세상의 눈이 항상 자신을 바라보고 있다고 믿기 때문이다.

반면 서양에서는 종교가 도덕과 윤리의 기준이 되며, 세상의 시선은 크게 신경 쓰지 않는다. 그 사람은 그 사람이고 나는 나라는 개인주의가 강하고, 오로지 신과의 관계를 잘 맺으면 된다고 본다.

잠깐 몇 가지 설문을 하고자 한다. 다음 내용이 자신에게 해당하면 ○, 해당하지 않으면 ×를 하면 된다.

① 아이가 학교에 가는 것은 당연하다.

② 어떤 자리에서든 분위기를 깨는 일은 하면 안 된다.

③ 여성에게 나이를 물어봐서는 안 된다.

④ 데이트에서 돈은 남성이 내야 한다.

⑤ 상대의 나이나 지위 등에 맞춰 대응해야 한다.

⑥ 사원(학생)이 잘못했을 때 직접적인 관계가 없더라도 사장(교장)이 사과해야 한다.

⑦ 모두가 야근하는데 혼자만 정시에 퇴근하는 것은 옳지 않다.

⑧ 외출 전에 헤어스타일이나 화장 등 몸치장을 하는 것은 당연하다.

⑨ 연하장 등을 받으면 반드시 답장을 해야 한다.

⑩ 성인이 되면 결혼해서 아이를 낳아야 한다.

○가 여섯 개 이상이면 상식에 얽매여 있는 사람이라고 할 수

있다. "당연한 것밖에 없잖아. 뭐가 문제라는 거야?"라고 말하는 사람은 이미 고정관념에 단단히 지배당하고 있는 셈이다.

이 고정관념에 지배당하는 사람은 '나는 NG, 너(세상 모든 사람)는 OK'라는 태도를 가진 사람이다. 그리고 '아무것도 하지 마', '생각하지 마', '중요한 사람이 돼선 안 돼' 같은 금지령을 가지고 있는 경우가 많으며 집단이나 주위 사람들에게 '의존 게임'을 시작할 가능성이 크다.

물론 이것들을 따르지 말라는 얘기는 아니다. 나도 사회생활을 할 때는 의문을 가지면서도 대체로 따르곤 했다. 다만, 무조건 믿지는 말아야 한다. 마음속 의문을 억누르면 고정관념에서 벗어날 수 없다. 사람들은 흔히 "그 정도는 보통이야", "그건 상식이야"라는 말을 한다. 마치 평범함과 상식이라고 정해진 것에서 벗어나면 절대 안 된다는 것처럼 말이다. 그 기준은 애초에 누가 그리고 언제 정한 것일까? 평범함이나 상식이란 같은 시대, 같은 사회에 살고 있는 대부분 사람이 믿고 있는 생각, 즉 고정관념이다. 가정, 학교, 사회, 취미 모임 등 모든 곳에 상식이 넘쳐난다.

학교나 직장에는 '수업 중에 딴짓을 하면 안 된다', '업무 시간에는 일 이외의 것을 해선 안 된다' 같은 암묵적인 약속이 있다. 물론 해가 되지 않는 약속이면 괜찮다. 세상에는 매너나 규칙이 있기에 질서가 유지되고, 그 덕에 우리는 혼란에 빠지지 않고 살 수 있다. 다만, '모두가 야근하는데 혼자만 정시에 퇴근하는 것은 옳지 않다'와 같은 생각을 맹목적으로 따라야 한다면 답답하기 그지없을 것이다. 그런 법률은 당연히 없고, 자기 일이 끝나면 누구의 눈치를 볼 필요 없이 퇴근할 수 있어야 한다. 이런 고정관념은 누군가가 반드시 끊어내야 한다. 그래서 이런 생각이 확산되면 정시에 퇴근하는 것이 상식이 된다. 세상의 상식은 얼마든지 바뀔 수 있다.

그런 상황에서 '내 생활은 소중하므로 정시에 퇴근한다'라는 신념을 가지는 것은 좋은 일이다. 그것이 올바른 선택이라고 믿지 않으면 행동으로 옮기기 힘들다. 그렇게 자신의 인생을 충실하게 살기 위해 고정관념을 이용하는 것은 오히려 권장하고 싶다.

인터넷도 상식이나 분위기를 강화하는 도구다. 대중매체를 통해 여론이 한쪽으로 쏠리는 것과 비슷한 일이 인터넷상에서도 일어난다. 아니, 기존 매체보다 더 빠르고 극단적인 쏠림 현상이 나타난다. 어떤 의견에 대해 비난이 쏟아지면 그것을 다수의 의견으로 믿고 자신의 판단 기준으로 삼아버리는 사람이 많기 때문이다. 이를 악용해 여론을 호도하는 이들도 많다. 또 익명성을 이용해 무책임하게 개인을 공격하거나 폭력적인 의견을 여과 없이 표출하면서 여론을 극단으로 몰아가기도 한다. 인터넷상에 떠도는 주장이나 견해가 정말로 '모두'가 공감하는 것인지, 자신이 여론 몰이에 휩쓸리고 있지는 않은지 진지하게 점검해봐야 한다.

남들이 나를 싫어할지 모른다는 불안

당신도 어렸을 때부터 어른들에게 '상대의 입장에서 생각해야 한다'라는 말을 자주 들었을 것이다. 비즈니스에서도 '고객 입장에서 생각해라', '고객의 요구를 읽어라'라는 말을 자주 한다. 그런데 과연 타인의 입장을 그렇게 쉽게 이해할 수 있을까? 대부분은 그저 이해했다고 생각하는 수준에 지나지 않는다. 그리고 이 역시 고정관념이다.

심리학에서는 환자와 여러 번 면담하면서 이야기를 듣고, 다양한 치료법을 통해 환자의 심리를 알아내려고 노력한다. 그렇게 해도 100% 이해하기는 힘들다. 타인의 입장은 그렇게 간단히 이해할 수 있는 것이 아니다.

혹시 별다른 이유가 없는데도 '저 사람이 나를 안 좋게 생각하는 것 같다', '나를 미워하는 것 아닐까?'라고 느낀 적은 없는가? 상대의 입장에서 그 사람의 기분을 이해하는 것은 매우 어려운 일이다. 그런데도 사람들은 타인의 부정적인 기분을 금방 알아챌 수 있다고 생각하곤 한다. 상사가 화난 표정을 하고 있으면 '내가 뭘 잘못했나?'라고 생각해서 조용히 자리를 피하는 사람도 있다. 인사하는 걸 못 봐서 받아주지 못한 것뿐인데 '나를 싫어하나 봐'라고 생각하기도 한다.

심리학 분야에는 '독심讀心'이라는 말이 있다. 텔레파시 같은 초

능력으로 상대의 마음을 읽어내는 독심술이 아니라, '인지적 왜곡'이라는 증상 중 하나를 가리킨다. 즉 사소한 행동이나 말을 바탕으로 '저 사람은 분명 이런 생각을 하고 있을 거야'라며 타인의 심리 상태를 제멋대로 규정해버리는 것을 말한다. 도가 지나치면 나쁜 방향으로 흘러가기 쉬우니 조심하는 것이 좋다. 이런 사고에 빠지기 쉬운 사람은 '나는 NG, 너는 OK'라는 태도를 갖고 있을 가능성이 크다. 자신감이 부족하기에 타인의 가치관이나 평가에는 매우 민감하다.

다른 사람의 적의나 악의를 알아채는 것은 절대 쉽지 않은 일이다. 설령 상대가 내게 악감정을 품고 있다고 하더라도 신경 쓸 필요가 있는지는 곰곰이 생각해볼 문제다.

근거 없는 자신감도 고정관념이다

비즈니스에서 성공한 사람에게는 '근거 없는 자신감'이 있다고들 한다. 이 또한 말할 필요도 없이 고정관념이다.

소프트뱅크 손정의 회장이 창업 당시 두 명밖에 안 되는 직원을 모아놓고 "미래에는 두붓집처럼 매출을 1조(일본어로 두부를 세는 단위가 '조丁,ちょう'인데 수의 단위 중 하나인 '조兆,ちょう'와 발음이 같다-옮긴이), 2조 단위로 세는 회사로 만들겠습니다"라고 말했다고 한다. 그 말을 들은 직원은 사장이 허무맹랑하다고 생각하여 회사를 그만둬버렸다고 한다.

이것도 근거 없는 자신감이라고 말할 수 있을 것이다. 그러나 손 회장은 그 자신감으로 과감하게 사업을 펼쳤고, 그 결과 소프트뱅크는 미국에 진출할 정도로 규모가 큰 대기업으로 성장했다.

2014년 3월에는 영업이익이 처음으로 1조 엔을 돌파했다는 보도가 있었다. 창업 당시의 약속을 지킨 것이다.

'꿈은 계속 생각하면 이루어진다', '생각은 현실이 된다'라는 말이 있다. 실제로는 계속 생각했지만 꿈을 이루지 못하고 끝나는 사람이 더 많다. 그래도 이런 긍정적인 말을 믿고 싶어 하는 것은 자신의 가능성을 믿고 싶기 때문일 것이다. 어쩌면 당신도 '지금의 나는 진정한 내가 아니다'라거나 '노력하면 인정받을 수 있다'라고 생각해왔을지 모른다. 여기까지 읽은 지금은 어떤가? 이런 생각도 고정관념이며 확실한 근거가 없다는 것을 이해했을 것이다.

그러나 사람은 이런 긍정적인 고정관념을 원동력으로 삼아 믿을 수 없을 만큼의 성과를 거두기도 한다. 근거 없는 자신감이 있으므로 눈앞에 있는 벽을 뛰어넘을 수 있다고 믿게 되며, 그런 자신감으로 한 단계 더 발전하게 된다.

영국의 가전제품 제조회사인 다이슨의 창업자 제임스 다이슨James Dyson은 "내가 성공한 것은 그저 운이 좋은 덕분이지만, 운은 끌어모을 수 있다"라고 말했다. 이 말만 들으면 그가 단순히 운이 좋아서 성공한 것처럼 생각될지 모르지만 사실은 그렇지 않다. 다이슨은 먼지 봉투가 필요 없는 듀얼 사이클론 청소기를 개발하기까지 무려 5년 동안 5,127대의 시제품을 만들었다. 단순히 운이 아니라 피나는 노력을 통해 훌륭한 제품을 탄생시킨 것이다. 만약 그 제품도 팔리지 않았다면 더 나은 제품을 만들기 위해 계속 노력했을 것이다. 그렇게까지 많은 시제품을 만든 것은 '이 제품은 반드시 팔린다', '이 청소기가 세상을 바꿀 것이다'라는 신념이 있었기 때문이리라. 그런 좋은 고정관념이 있을 때 행동력이 솟아나고 성공으로 나아갈 수 있다.

물론 그런 자신감에 근거는 없다. 따라서 신념이 있으면 성공한다는 것도 고정관념에 지나지 않음을 기억해둬야 한다. 이런 근거 없는 자신감은 '나는 OK'라는 태도에서 나온다. 다만, 한 가지 우려되는 점이 있다. 고정관념을 좋은 방향으로 활용하면 성공하지만, 말 그대로 근거 없는 자신감만 믿고 마구잡이로 덤비면 실패할 수 있다는 것이다. 특히 마음속에 '성공하지 마' 금지령이 있다면, '서둘러라' 드라이버 때문에 실패하고 '자멸 게임'으로 빠지게 될지도 모른다.

그저 너를 이해하고 싶었을 뿐인데

혈액형은 처음 만난 사람과 대화할 때 분위기를 띄울 수 있는 좋은 소재 중 하나였다. "혹시 혈액형이 A형이신가요? 사람들에게 음식을 덜어주는 걸 보니 A형 같아서요"라는 대화가 오가기도 했다. 현재는 혈액형과 성격 간에 아무런 관련이 없다는 것이 과학계의 정설이다.

애초에 혈액형은 A, B, O, AB형 등 네 종류만 있는 게 아니다. 봄베이형, P형, 바디바바디바형 등 희귀 혈액형이 전 세계적으로 수십 종이 넘는다. 이런 혈액형을 가진 사람은 혈액형 성격 진단을 어떻게 해야 할까? 참고로 봄베이형은 O형으로 분류되는데, 최근 연구에서는 독립된 혈액형이라는 의견도 있다. 따라서 혈액형은 네 종류라는 생각부터가 고정관념이라고 할 수 있다.

덧붙이자면, 혈액형 성격 진단이 유행했던 나라는 한국과 일본 정도다. 예컨대 아메리카 원주민은 인구의 70% 이상이 O형인데, 이 경우 혈액형으로 성격을 분류하는 것 자체가 의미가 있을까? 한국과 일본에서 혈액형 성격 진단이 유행했던 것은 네 종류의 혈액형이 적당한 비율로 분산되어 있기 때문이라고 생각된다.

한때 혈액형 성격 진단이 유행했던 이유를 좀 더 생각해보자.

- 친구들과 모인 자리에서 분위기를 띄우기 좋아서다. 다른 사람과 대화의 계기를 만들 때 혈액형에 관한 얘기는 실패가 없고, 단순해서 이해하기 쉽다.
- A형은 꼼꼼하다, B형은 특이하다, O형은 원만하다, AB형은 감수성이 풍부하다 등 각 혈액형의 특징은 누구에게나 적용할 수 있어서다.
- 낯가림이 많은 사람에게 상대가 '이런 사람이다'라고 분류하고 인식하는 데 매우 편리한 도구여서다. 상대의 가치관이나 사고방식에 관해 꼬치꼬치 물어보거나 대화를 나누지 않아도 '이 사람은 AB형이니까'라는 식으로 그 사람의 스타일을 파악하여 응대할 수 있다.

사람들은 대체로 평가하는 것을 좋아한다. '대기업에 다니는 사람은 견실하다', '공무원은 신뢰할 수 있다'와 같이 사람을 소속된 집단으로 판단하기도 한다. 자기 머리로 생각해서 결론을 얻는 것보다 그게 더 편하기 때문이다.

혈액형 성격 진단을 믿는 사람은 경험에 비추어 봤을 때 'B형인 사람은 제멋대로고 괴짜가 많다'라고 생각한다. 자신이 지금까지 만난 몇 명의 B형이 그 성격 유형에 해당했을지도 모른다. 그러나 몇 명 정도의 샘플만으로는 통계적으로 의미 있다고 말할 수 없다. '제멋대로고 괴짜'인 사람이 B형만은 아니다. 그런데도 "너는 B형이니까 다른 사람들보다 창의력이 뛰어나잖아"라는 말을 들으면 '정말 그런가?'라며 그 말을 믿게 된다.

심리학에서는 이를 '바넘 효과Barnum effect'라고 부른다. 혈액형 성격 진단이나 점과 같이 누구에게나 해당할 것 같은 모호하고 일반적인 성격에 관한 설명을 마치 자신의 이야기처럼 믿어버리는 것을 의미한다. '나는 A형이라서 꼼꼼해', '나는 B형이라서 독창적이야'만이 아니라 '궁수자리는 모험을 좋아한다', '황소자리는 온화하다'와 같은 별자리 점도 바넘 효과다. 정확히 말하면 바넘 효과를 이용해 사람들이 자신의 이야기라고 믿게 하는 것이다.

1948년 미국의 심리학자 버트럼 포러Bertram Forer는 학생들에게 각자의 성격을 분석한 결과를 알려주겠다고 말했다. 그리고 "너는 상당한 재능을 가지고 있어. 외향적이고 사교적인 면이 있지만 내성적이고 조심스러운 면도 있어"와 같은 내용을 글로 써서 나누어 줬다. 그 글을 읽은 학생들은 모두 "매우 공감되는 내용"이라고 말했는데 사실 포러는 모든 학생에게 똑같은 내용의 글을 써서 준 것이었다. 이처럼 사람은 누구에게나 적용될 것 같은 성격 분석을 자신만의 특별한 것으로 받아들이는 경향이 있으며, 그것이 자신의 성격을 형성하는 고정관념이 된다. 그러므로 혈액형으로 성격이 달라지는 것이 아니라 혈액형 성격 진단을 믿은 것이 고정관념을 낳았다고 할 수 있다.

참고로 이런 혈액형 성격 진단을 쉽게 믿는 사람의 마음속에는 앞에서 소개한 '네가 아니어야 했어' 금지령이 있는 경우가 많다. 이런 유형의 사람은 세상과 주변 사람들에게 동조하는 '의존 게임'을 하기 쉽다.

첫인상도 고정관념이다

한때 『사람은 분위기가 90%』라는 책이 베스트셀러가 된 적이 있는데, 첫인상이 중요하다는 인식은 여전히 강하다. 어떤 신문의 조사에 따르면, 82%의 사람이 첫인상을 중요하게 생각한다고 답했다.

타인에 대해 어떤 선입관을 갖게 되면 그 선입관에 따라 상대를 대하게 되고, 그 결과 정말 선입관대로 돼버린다. 이것을 '기대 효과' 또는 '피그말리온 효과Pygmalion effect'라고 부른다. 예를 들어 어떤 아이에 대해 '공부를 잘한다'라는 거짓 정보를 전해 들은 교사는 강한 기대(고정관념)를 가지고 아이를 대하기 때문에 더욱 열성적으로 가르치게 되고, 그 결과 아이의 성적이 실제로 좋아진다.

어떤 조사에서는 세 그룹의 여성 사진을 보여주고 사진 속 인물의 미래를 판단하게 했다. 그랬더니 성격, 직업, 결혼, 행복도 등에서 얼굴이 예쁜 사람은 높은 평가를 받았고, 그렇지 않은 사람은 전부 낮은 평가를 받았다. 이른바 '미인의 스테레오 타입'이라는 것이 있어서 미인은 성격이 좋고, 좋은 상대를 만나 결혼하고, 일에서도 성공하며, 다른 사람들보다 더 행복하게 살 것이라고 생각하기 쉽다.

마찬가지로 사람들은 '잘생긴 남자'가 하는 일을 모두 긍정적으로 보는 경향이 있다. 남자의 체형에도 스테레오 타입이 있다. 예를 들어 어깨가 떡 벌어지고 키가 큰 남자는 사회적 지위가 높다는 인상을 주기 쉽다. 이런 인식이 절대적이지 않다는 것은 굳이 설명할 필요가 없지만, 사람들이 첫인상에 좌우되기 쉽다는 사실은 알고 있어야 한다.

참고로, 외모를 중시하는 경향이 강해서 성형수술을 계속하는 사람에게는 '원래의 나는 NG'라는 태도가 있다. 또 '네가 아니어야 했어'라는 금지령도 가지고 있어서 자신감이 부족한 사람이 많다. '내 가치는 타인의 칭찬에 좌우된다'라는 사고를 가지고 있으며, 타인에게 칭찬받기를 열망하기에 '경쟁 게임'을 하기 쉽다.

사랑을 할 때 우리가 믿고 싶어지는 것들

'좋아하면 곰보 자국도 보조개로 보인다'라는 옛말이 있듯이, 사랑에 빠지면 눈이 멀어 그 사람 외에는 아무것도 보이지 않게 된다. 영어에는 'Love is blind(사랑은 맹목적이다)'라는 속담이 있고, 프랑스어에도 'L'amour rend aveugle(사랑은 눈을 멀게 한다)'라는 속담이 있는 걸 생각하면 이 고정관념은 만국 공통인지도 모르겠다.

연애 감정은 이성을 신비화하고 이상화하는 데서 생겨난다. 그러나 사귀면서 상대의 내면 등을 알게 되면 이상적인 이성상이 아니라는 걸 깨닫게 되기도 한다. 사랑이란 상대의 행복을 내 일처럼 바라는 감정이라고 할 수 있는데, 이때 상대와 나를 동일시하는 현상이 일어나 상대의 일부를 환상 속 자신으로 착각한다. 게

다가 상상력을 발휘해 상대를 현실과 다른 이상적인 상대로 승화하기도 한다. 조금 멋없는 이야기 같지만, 허상이 아닌 연애는 존재하지 않는다.

이성에게 주목받고 싶다는 마음은 누구나 가지고 있을 것이다. 그 자체는 자연스럽고 문제가 없지만, 그런 욕구가 지나치면 '나는 이성에게 인기가 없으니까 불행하다'라고 생각하게 될 수도 있다. 개중에는 결혼을 못 해서 초조하고 불안해하는 사람도 있다. 이것이야말로 고정관념에 지배당하는 예라고 할 수 있다.

결혼이 곧 행복인 것은 아니다. 결혼을 하면 자동으로 행복한 가정을 꾸릴 수 있다고 생각할지 모르지만, 부부가 함께 노력하지 않으면 행복한 가정은 만들 수 없다. 오히려 가치관이 다른 사람이 한 지붕 아래 살게 되면서 싸움이 끊이지 않는 가정도 허다하다.

한편으로 생각해보면, 연애 감정의 유통기한이 지난 뒤에야 진정한 연애가 시작되는 것은 아닐까? 그 단계에 이르면 두근거림이나 신선함은 사라졌을지 모르지만 애정이나 존경과 같은 다른 감정이 생겨난다. 고정관념의 차원을 벗어나 실체가 있는 관계가 되는 것이다.

평생 독신으로 살아도 행복하다는 사람도 있다. 이들은 행복은 세상이나 주위 사람들이 정해주는 것이 아니라 스스로 결정하는 것이라고 생각하는 사람들이다.

또 누구나 인정하는 최고의 상대가 아니라면 결혼하지 않을 것이라고 생각하는 사람도 있다. 이들의 마음속에는 '타협은 패배다'라는 고정관념이 자리하고 있다. 다시 말해 자신이 좋다고 생각하는 상대가 아니라 주위 사람들에게 "부인이 아름답네요", "멋진 남편이네요"라는 말을 들을 수 있는 상대와 결혼하고 싶어 한다. 어릴 때 자신의 가치관을 중시하고 타인의 평가에 신경 쓰지 않는 경험을 별로 하지 못했기 때문에 '타인의 평가는 매우 중요하다'라는 가치관을 갖게 된 것이다. 여기에도 독단적인 생각이나 자기중심적인 인지 편향이 작용한다. 자존심이나 세상의 평가를 신경 쓴다는 점에서 '경쟁 게임'을 할 가능성이 크다.

고정관념은 건강에도 영향을 준다

스트레스는 그것을 스트레스라고 느끼기 때문에 스트레스가 된다. 같은 상황이라도 부정적으로 받아들여 스트레스로 느끼는 사람이 있는가 하면, 전혀 그렇게 느끼지 않는 사람도 있다. 일을 하다가 어려움에 부닥쳤을 때 "좋아, 한번 해보자!"라며 의욕을 불태우는 사람이 있는 반면, 스트레스를 받아서 회사에 가기 싫어하는 사람도 있다.

스트레스라고 느끼는 이유는 '나는 그 상황에 대처할 수 없고 그것이 중대한 결과로 이어질 것이 분명하다'라고 믿어버리기 때문이다. 이것이 자율신경실조증 등을 불러와 몸 상태에 악영향을 미치기도 한다. '스트레스에 대처할 수 없다'라는 불안한 감정은 근육이나 혈관, 내장, 내분비샘에 이상을 일으킨다. 마찬가지로 분노, 두려움, 걱정, 낙담, 슬픔, 불만 등 불쾌한 감정은 몸에 과도한 자극을 줘서 긴장하게 한다. 예를 들어 분노하면 혈액의 점성이 높아지고 적혈구가 증가하기 쉬워 소화 기관의 혈액량이 감소한다. 심장 박동 수도 증가하고 혈압도 상승한다.

또 컨디션이 안 좋다는 것 자체가 스트레스가 되어 또 다른 스트레스를 유발하기도 한다. 예컨대 몸 상태가 평소와 조금만 달라져도 '분명 큰 병일 거야'라고 생각해 과도하게 걱정하는 사람도 있다. 이런 부정적인 마음이 실제로 몸에 악영향을 미칠 수 있다.

이렇게 되기 쉬운 사람에게는 '완전하지 않으면 패배다'라는 고정관념이 만들어내는 인지 편향이 있다. 이런 완벽주의 성향의 사람을 'A 유형 성격Type A personality'이라고 하며, 항상 완전하지 않다는 생각에 쫓겨 긴장을 풀지 못하기 때문에 심장 발작을 일으키는 사람이 많다.

이처럼 고정관념이 건강에 영향을 미치기도 한다. 고정관념의 힘은 그만큼 크다.

우린 모두 고정관념이라는 세상에서 살고 있다

이 장에서는 세상이 얼마나 다양한 고정관념으로 가득 차 있는 지를 설명하기 위해 여러 가지 예를 들었다. 상식이나 세상의 평판, 혈액형이나 첫인상 등은 모두 고정관념이다. 많은 사람에게 인생의 큰 이벤트 중 하나인 연애나 결혼에서도 고정관념이 큰 역할을 한다.

더 나아가 경제도 고정관념이다. 호황이나 불황이라는 개념도 사람들이 나중에 만들어낸 것이다. 호황이므로 많은 사람이 행복해질 수 있다거나 불황이므로 많은 사람이 불행해진다는 생각도 고정관념일 뿐이다.

이처럼 고정관념은 우리 삶 곳곳에 존재한다. 좀 더 정확히 말하면, 이 세상은 고정관념으로 만들어졌다고 볼 수 있다.

제1장에서도 이야기했듯이 현재 당신의 인생도 자신이 쓴 각본에 따라 진행되고 있다. 인생 각본은 수많은 고정관념으로 이루어져 있기에 나쁜 고정관념을 버리면 인생 각본을 다시 쓸 수 있다. 그러기 위해 고정관념의 구조를 자세히 살펴보자.

제3장

그것은 어쩔 수 없는
일이라고 생각하며
살아가지 말자

사람은 자기도 모르게 **한쪽으로 치우친 시각**으로

사물을 바라보거나 정보가 불완전한 채로

성급하게 판단하기도 한다.

'당연하다'라는 생각은
어떻게 생겨났을까

    인간은 누구나 고정관념을 가지고 살아간다. 당신 머릿속에 있는 생각, 성격, 버릇 대부분이 고정관념이라고 해도 지나친 말이 아니다.

    그렇다면 고정관념은 어떤 구조로 되어 있을까? 이 장에서는 고정관념의 구조를 파헤쳐보고, 구체적으로 당신의 문제가 어떤 고정관념에서 비롯됐는지 알아보자.

    먼저 고정관념을 형성하는 네 가지 외적 요인을 소개하겠다.

고정관념을 형성하는 네 가지 외적 요인

① 가족

가족은 사회의 최소 단위다. 사람은 가족을 통해 의사소통을 하는 방법이나 사회의 규칙과 매너 등을 배운다.

유년기에는 부모가 모든 것의 기준이 된다. 부모의 '옳다 또는 옳지 않다'라는 판단 기준이 아이의 판단 기준을 이루는 데 바탕이 된다. 부모가 '공공장소에서는 조용히 해야 해'라고 생각한다면 아이는 그 생각에 따라 키워진다. 반면 '아이들은 원래 떠드는 법이니 어쩔 수 없다'라고 생각하는 부모라면 아이가 공공장소에서 큰 소리로 떠들어도 주의를 주지 않을 것이다. 둘 중 어느 쪽이 옳다고 단언할 수 있는 근거는 없다. 아이는 부모가 옳다고 믿는 생각을 바탕으로 길러지기 때문에 결과적으로 부모와 같은 생각을 갖게 된다. 아이는 부모의 뒷모습을 보고 자란다.

부모가 하는 행동이므로 당연하게 생각했던 습관이 사실은 자기 가족들만의 습관이었음을 알게 된 경험이 다들 있을 것이다. 부모와 자녀, 가족 사이에서 생기는 고정관념의 예는 일일이 나열하자면 끝이 없다.

어른이 되면 가족의 규칙이 전부가 아니며 세상에는 다양한 가치관이 있음을 알게 된다. 그러나 유년기에는 부모와의 대화가 거의 전부다. 부모와 나누는 커뮤니케이션이 곧 세상이다. 인생에서 가장 많은 것을 흡수하는 유년기에 가족, 특히 부모에게서 받은 영향은 생각보다 훨씬 커서 지금의 당신을 좌우하고 있다.

② 교육

유년기에 부모의 교육 다음으로 접하는 것이 유치원과 초등학교에서의 교육이다. 특히 어릴 때 받은 교육은 고정관념을 형성하는 커다란 요인이 된다.

교육은 고정관념(신념, 이념)을 기반으로 성립한다. 학교에서는 '밝고 큰 소리로 인사해야 한다', '복도에서 뛰면 안 된다', '윗사람을 공경해야 한다', '음식을 소중히 생각해야 한다', '친구랑 사이좋게 지내야 한다' 등 집단행동이나 화합을 위한 가르침을 주입한다. 그리고 여기에는 '올바른 인간이 되기 위해서는 당연히 이렇게 해야 한다'라는 고정관념이 깔려 있다.

그 나라의 문화나 역사에 따라 굳어진 선악, 옳고 그름과 같은 기준을 바탕으로 아이들을 가르치는 것이 교육이다. 사고방식이나 가치관은 나라마다 다르므로 사실은 어떤 교육이든 '반드시 옳다'라고 단언할 수는 없다. 예를 들어 학교에서 유급을 당하면 보통은 낙오자라는 낙인이 찍히지만, 핀란드에서는 '1년 더 노력하는 아이'라며 긍정적으로 생각한다. 기초가 부족한 상태로 한 학년을 올라가는 것보다 시간이 걸리더라도 제대로 이해하는 걸 중요하게 생각하기 때문이다. 그래서 초등학생이라도 필요하면 유급을 한다.

또 좋은 대학교를 다녔다고 해서 반드시 능력 있는 사람이라고 할 수 있을까? 공부를 잘하면 우수한 인간이라는 생각도 고정관념이다. 일본에서 최고로 꼽히는 대학에 입학했다고 하더라도 세계에서 통용되는 능력을 갖췄다는 얘기는 아니다. 일본 내 기업에서조차 고학력인데 일을 제대로 못 한다는 말을 듣는 사람이 상당히 많다. 사회에 나와서 필요한 스킬이나 지혜와 학교 성적은 별개라는 뜻이다.

③ 직업

회사나 직업 또는 업계도 그 안의 사람들에게 다양한 고정관념을 주입한다. 비즈니스, 즉 기업 활동의 목적은 이익 추구다. 이익을 내면 회사가 커지고, 회사가 커지면 국가 경제도 성장해 풍요를 가져다준다는 사고방식이 존재한다. 이런 사고방식의 바탕에는 '경제적, 물질적 풍요로움이 행복을 가져다준다'라는 고정관념이 깔려 있다.

또 일부에서는 '회사가 종교 역할을 대신한다'라는 말이 있을 정도로 출세를 위해 자신의 수명까지 줄여가며 일하는 '회사 인간'도 많다. 회사 인간이란 회사를 모든 일의 중심에 두고, 머릿속에 늘 일을 담고 다니는 사람을 말한다. 회사의 번창이야말로 내 인생의 기반이고 나의 정체성이며, 그것을 위해서는 수단과 방법을 가리지 않는다. 그런 고정관념에 사로잡힌 사람도 많다.

업계에서는 상식처럼 통용되는 것이 세상에서는 비상식인 경우도 있다. 과거에는 일반적이었던, 지방 공무원이 중앙의 관료에게 잘 보이기 위해서 하는 접대도 그중 하나다. 공무원에게 그 업계는 곧 세상이다. 업계라는 것이 고정관념을 만들어낸 또 하나의 예다.

더욱이 '교사는 성직聖職이다', '경찰관 중에는 열성적인 사람이 많다'와 같이 직업에 관한 고정관념도 있다. 의술은 인술仁術, 즉 의술은 단순한 기술이 아니라 사람을 구하는 '도道'라는 말도 있다. 이런 사회적 통념이 고정관념을 만들어내기도 한다.

④ 상식

사회의 규칙이나 가치관은 국가나 지역, 시대에 따라 놀랄 만큼 다르다. 한 직장에 입사하면 그곳을 평생 직장으로 생각하는 사람이 대부분이던 때가 있었다. 그런데 금융위기를 거치며 고용과 경제 상황이 크게 변한 뒤로는 더 나은 조건을 찾아 회사를 옮기는 사람이 많아졌다. 회사가 자신을 지켜준다는 믿음이 환상이었음을 깨달은 사람도 많을 것이다.

외출할 때는 문을 잠그고 나가는 것이 상식이라고 생각하지만, 시골에서는 지금도 문을 잠그지 않고 외출하는 사람이 많다. 집주인이 밖에 나가 있는데 이웃 사람이 그 집에 드나드는 경우도 볼

수 있다. 이처럼 상식은 당연한 것처럼 생각되지만 사실은 당연한
것이 아니다.

자동사고는 살아남기 위한 전략이었다

고정관념을 이해할 때 중요한 개념으로 '자동사고自動思考'라는 것이 있다. 예를 들어 등산을 갔다고 해보자. 친구와 이야기를 나누며 나무 사이로 핀 꽃을 구경하면서 산을 오르고 있는데 갑자기 바스락거리는 소리가 나면서 풀숲이 크게 흔들린다. 일반적으로 이런 상황에서는 '뱀인가? 아니, 곰일지도 몰라!'라고 위험을 감지하고 재빨리 도망칠 것이다. 풀숲이 흔들렸는데 다람쥐나 토끼가 나오리라고 생각하는 사람은 많지 않을 테니 말이다.

심리학에서는 이처럼 어떤 상황이나 사건에 맞닥뜨렸을 때 불쑥 어떤 생각을 하게 되는 습관을 '자동사고'라고 부른다. 근거나 이유를 건너뛰고 결론에 도달하는 자동사고는 애초에 인간이 자기 몸을 지키기 위해 익힌 능력이다. 진화 초기의 인간을 떠올려보자. 원시 시대에 인간은 거대 육식동물의 먹이가 되는 작은 동물에 지나지 않았다. 그러므로 근처의 풀숲에서 소리가 나면 냉정하게 무슨 일이 일어나고 있는지 관찰하고 생각할 여유 따위는 없었다. 이것저것 생각하지 않고 '무언가가 온다! 도망치자!'라며 재빨리 행동해야만 살아남을 수 있었다.

이렇게 해서 인간이 익힌 자동사고에는 몇 가지 특징이 있다.

자동사고의 세 가지 특징

① 의식적으로 통제하기 어렵다

자동사고는 자신의 의식으로 통제하기가 매우 어렵다. 많은 경우 자동사고는 '지금은 이렇게 움직여야 한다'라는 자신만의 생존 규칙과 관련이 있다. 그래서 그 규칙에 바탕을 둔 결론이나 생각이 '번쩍!' 하고 떠오르면 냉정하게 따져볼 생각을 못 한다. 조건반사처럼 몸이 자동으로 움직인다. 게다가 자동사고를 따르면 쓸데없는 생각을 하지 않아도 되기 때문에 편하기까지 하다. 자동사고는 무의식적으로 튀어나올 때가 많다. 그래서 '뱀은 무서운 것이 아니다'라고 의식하고 있어도 공포심을 떨쳐내기가 어렵다.

② 발동 조건과 자극이 다양하다

자동사고의 또 다른 특징은 발동하는 상황이 사람마다 다르고, 떠오르는 생각도 모두 제각각이라는 점이다. 자동사고가 일어나는 조건이나 자극도 다양하다. 말뿐만 아니라 풍경이나 소리, 냄새나 맛 등이 발화점이 되어 자동사고가 일어난다. 바닷가에서 태어나고 자란 사람은 바닷가 풍경을 보면 고향이나 어린 시절을 떠올리게 된다. 옛날에 유행했던 노래를 들으면 당시의 추억이 되살아나는 사람도 있을 것이다. 어떤 사람은 굴을 보면 입안에 침이 고이지만, 예전에 굴을 먹고 배탈이 난 적이 있는 사람은 쳐다보기도 싫을 것이다.

자동사고 자체는 인간이 진화하면서 익힌 능력이기 때문에 좋고 나쁘고를 따질 수 있는 것이 아니다. 다만, '왠지 모르게 항상 불안하다', '나도 모르게 짜증이 나서 화를 낸다'와 같이 부정적인 자동사고에 휘둘리면 문제를 일으킬 수도 있다.

요즘 젊은 사람 중에는 친구에게 문자 메시지를 보냈는데 바로 답장이 오지 않으면 '무시당했다', '나를 싫어하나?'와 같이 부정적으로 생각하는 이들이 많다고 한다. 이 역시 부정적인 자동사고에 사로잡힌 결과라고 할 수 있다. 문자 메시지는 상대의 얼굴이 보이지 않기 때문에 진의가 전해지지 않아 오해를 낳기 쉽다.

③ 행동의 결과가 부정적이기 쉽다

자동사고를 따르면 상황을 충분히 판단하지 못한 채로 행동할 때가 많아진다. 이야기를 제대로 들어보면 악의가 없다는 것을 금방 알 수 있는데도 중간에 나온 한마디에 울컥해서 말을 끊고 심한 말로 돌려주는 사람이 간혹 있다. 이것도 자동사고 때문이다. 즐겁게 대화를 나누다가 가벼운 입씨름이 벌어지고, 그것이 말싸움으로 번져서 결국은 친구나 연인과 헤어지는 일도 있다.

성급한 판단을 만드는 인지적 왜곡

　자동사고는 습관이다. 항상 부정적인 사람도, 반대로 항상 긍정적인 사람도 자동사고가 발동해서 자연스럽게 그렇게 생각하는 것이다.

　사물을 판단하려면 우선 상황을 정확히 파악해야 한다. 그런데 이것은 간단한 일이 아니다. 사람은 자기도 모르게 한쪽으로 치우친 시각으로 사물을 바라보거나 정보가 불완전한 채로 성급하게 판단하기도 한다. 심리학에서는 이것을 '휴리스틱heuristic(짐작)'이라고 한다. 여러 문제에 당면했을 때 깊이 생각하지 않고 직감이나 경험에 의지해 순간적으로 판단해버리는 것을 말한다.

　휴리스틱 자체는 자동사고와 마찬가지로 나쁜 것이 아니다. 이것이 없으면 무언가를 결정할 때마다 엄청난 시간과 노력을 들여야 할 것이고, 그러면 금세 지쳐서 아무것도 못 하게 될 것이다. 그렇지만 휴리스틱은 반드시 올바른 결론에 도달한다는 보장이 없다. 빠르게 사물을 판단하는 것은 현대 사회와 비즈니스의 세계에서 필요한 능력이다. 다만, 냉정하게 상황을 파악하지 않으면 때로는 왜곡된 인지에 빠질 수 있다.

전형적인 사고 왜곡의 아홉 가지 패턴을 소개한다. 자신의 자동사고에 어떤 습관이 있는지 체크해보기 바란다.

아홉 가지 인지적 왜곡 패턴

① 흑백 사고, 모 아니면 도 사고

선이 아니면 악, 새로움이 아니면 낡음, 우익이 아니면 좌익, 보수가 아니면 진보, 미남이 아니면 추남, 천재가 아니면 바보, 미녀가 아니면 추녀. 이는 모든 것을 흑 아니면 백으로 명확히 나누려는 사고 왜곡이다. 뭐든지 '이것 아니면 저것'처럼 양자택일을 해야만 한다고 생각한다. 그러나 세상만사를 전부 명확하게 나눌 순 없다. 오히려 흑과 백의 중간에 있는 회색일 때가 대부분이다.

대기업에 다니는 잘생긴 남자친구가 운전을 하지 못한다는 것만으로 실망하는 여성 또는 새 차에 흠집이 조금 났을 뿐인데 완전히 못쓰게 된 것처럼 낙담하는 남성 등은 흑백 사고에 사로잡혀 있다고 봐야 한다. 모든 평가에서 1등을 하지 않으면 의미가 없다고 생각하는 사람도 흑백 사고의 소유자라고 할 수 있다.

② 과도한 일반화

한두 번밖에 안 일어났는데 '늘 그렇다', '전부 이렇게 된다'라고 믿는 것도 사고 왜곡이다. 이성에게 한 번 차였을 뿐인데 평생 연애를 못 할 것 같다고 생각해버리거나, 몇몇에게 나쁜 평가를 받았을 뿐인데 회사 사람들 모두가 자신을 싫어한다고 생각하는 사람 역시 과도한 일반화의 영향을 받고 있다. 카레에서 벌레가 나온 경험을 딱 한 번 했을 뿐인데 카레 얘기만 나오면 기겁하는 사람도 마찬가지다.

'어차피 내가 노력해봤자 아무것도 변하지 않는다'라는 식으로 '어차피', '결국' 등의 단어를 써가며 자신을 몰아붙이는 것도 과도한 일반화의 영향이다.

③ 마이너스화

지나치게 비관적인 사람의 습관이다. 마치 필터로 무언가를 걸러내듯이 긍정적인 것은 걸러내고 부정적인 일이나 생각만을 받아들이는 사고 왜곡이다. 예를 들어 프레젠테이션을 순조롭게 진행해놓고는 자료 중 일부에 오류가 있었다는 지적을 받는 순간 '아, 망했다!'라며 크게 낙담한다. 전체를 보지 않고 한 가지 결점에 집착하는 사람은 부정적인 필터를 장착하고 있는 것이다.

또 상사가 내심 유망하다고 생각하는 부하에게 일을 맡겼는데 정작 당사자는 '매번 이런 힘든 일만 시키는 건 나를 괴롭히려는 걸까?'라며 나쁜 쪽으로만 생각한다면, 이 역시 마이너스화 사고다.

큰 계약을 여러 건 성사시키는 등 늘 자신감 넘치게 일하던 사람이 있다고 하자. 그런데 웬일로 신규 거래처를 개척하는 데 실패했다. 보통은 신규 개척에 한 번 실패하더라도 지금까지의 실적을 고려해 '뭐, 살다 보면 일이 잘 안 풀릴 때도 있는 법이지' 정도로 생각하고 넘어간다. 그러나 부정적인 필터가 장착되어 있어서 마이너스화 사고를 하게 되면 '이게 진짜 내 실력이야. 지금까지는 운이 좋았을 뿐이야'라며 갑자기 움츠러든다. 내내 자신감으로 이어졌던 성공 체험의 가치가 단번에 추락하는 것이다.

다른 사람의 결점에만 주목하는 사람도 부정적인 필터를 가지고 있다고 봐야 한다. 무작정 부정적인 부분에 초점을 맞추는 사고 왜곡이다.

④ 결론을 비약하기

지레짐작했다가 실패하는 것은 누구나 저지를 수 있는 실수다. 그런데 이것도 도가 지나치면 사고 왜곡이 된다.

이 왜곡에는 크게 두 가지 패턴이 있다.

과도한 마음 읽기

사람의 행동이나 말을 가지고 그 사람이 어떻게 생각하는지를 멋대로 추측해 단정 짓는 것을 의미한다. 동료나 상사에게 서류를 건네려고 말을 걸었는데 상대가 무뚝뚝하게 대응했다고 해보자. 이럴 때 당신은 어떻게 생각할까? '피곤한가?' 정도라면 특별히 문제가 되지 않는다. 그런데 '내가 뭘 잘못했나?', '혹시 나를 싫어하는 건가?'라고 느낀다면 사고 왜곡이 일어난 것이다.

비즈니스에서는 어느 정도 상대의 기분을 읽고 행동하는 것이 중요하다. 하지만 그런 경향이 너무 강하면 자신에게 나쁜 쪽으로만 상상하게 되며, 나중에는 '난 이제 끝이야'라는 결론에 이를 수도 있다.

잘못된 예측

특별한 근거가 없는데도 자기도 모르게 나쁜 결과를 상상하고 미래를 부정적으로 단정 짓는 사고 왜곡이다. '나는 평생 결혼을 못 할 거야', '나는 성공하지 못할 거야'라고 근거 없이 단정 짓는 것도 사고 왜곡이 원인일 수 있다.

이 왜곡이 심해지면 '이 회사는 이제 틀렸어', '내 인생은 앞날이 캄캄해'와 같은 파국으로 이어진다. 세상 모든 것이 비극적인 결말을 향해 간다고 생각하며, 극단적으로는 자살과 같은 파멸적인 행동으로 연결되기도 한다. 주의해야 할 사고다.

⑤ 확대해석과 과소평가

자신의 단점이나 실패는 필요 이상으로 크게 생각하면서 자신의 장점이나 성공 체험은 별것 아니라고 낮게 평가하는 사고 왜곡이다. 주변에서 봤을 때는 분명히 성공한 것인데 '아직 성공했다고 할 정도는 아니다'라고 생각하고, 주변에서 봤을 때는 사소한 실수인데 '이런 실수를 저지르다니'라며 심하게 자책하는 일관성이 없는 유형이다.

사고방식이 극단적이어서 자신에게는 한없이 엄격하고 타인에게는 관대하다. 어지간한 정도면 훌륭한 인간성이라고 말할 수 있지만, 도가 지나치면 자신을 괴로움이나 불행의 구렁텅이에 빠뜨리게 된다.

⑥ 감정적으로 단정 짓기

이른바 '감정적으로 행동한다', '기분에 휩쓸린다'라고 할 때의 사고 왜곡이다. 차분하게 생각하지 않고 감정대로 행동해버린다. 즉 자신의 기분이나 느낌에 전적으로 의지하는 것이다. '저 사람은 차가우니까 틀림없이 배려심이 없는 인간일 거야. 그래서 출세도 못 하는 거야', '내가 이렇게 불안한 걸 보면 이 프로젝트는 실패할 게 틀림없어'와 같이 매사를 자신의 감정만을 근거로 단정 짓는다.

상대의 심한 말에 똑같이 심한 말로 응수해 싸움을 키우는 것이 전형적인 예라고 할 수 있다. 긍정적인 기분이 줄어들고 부정적인 기분이 커질 때일수록 감정적으로 되기 쉽다.

⑦ 해야 한다

무엇이든지 '~해야 한다', '~여야 한다'라고 단정 짓는 사고 왜곡이다. '부하는 상사의 명령에 따라야 한다', '상사가 가르쳐준 것은 전부 할 수 있어야 한다', '아이는 부모에게 말대꾸를 해서는 안 된다' 등 별생각 없이 '~해야 한다'라고 믿어버린 것은 없는가? 이것이 지나치면 사고가 굳어져 자유로운 발상을 할 수 없게 된다. 그러면 고지식한 사람이 되어 매우 답답하게 살 수밖에 없다.

'나는 그런 사고에 빠져 있지 않아'라고 자신하는 사람도 부지불식간에 이런 사고 왜곡을 겪기도 한다. '항상 긍정적이어야 한다', '항상 건강해야 한다' 등 '~해야 한다'라는 사고가 내면에 자리하고 있을지도 모른다.

⑧ 낙인찍기

자신이나 타인에게 부정적인 이미지를 만들어 멋대로 캐릭터를 단정 짓는 사고 왜곡이다. 주부들이 카페에서 수다를 떠는 장면을 상상해보자. "OO 씨네 아이는 △△고등학교에 다닌대요." "어머나! 질이 안 좋기로 유명한 학교잖아요? 괜히 같이 다니다가 물들기라도 하면 큰일이니까 우리 애한테 개랑 어울리지 말라고 해야겠네요." 이런 대화가 오간다면 낙인을 찍는 것이다.

예를 들어 '나는 어두운 성격이어서 다른 사람과 대화하는 게 힘들다'라는 낙인찍기를 했다고 가정하자. 그러면 타인과 대화할 때 긴장해서 더 말을 못 하게 된다. 그런 경험이 계속되면 점점 더 사람들과 만나기 싫어지고 피하게 된다. 그 결과 평소에도 사람들과 이야기를 나누지 않게 되어 타인과의 대화가 더더욱 힘들어진다. 이처럼 낙인은 사람을 악순환으로 몰아넣는다.

⑨ 자신과 관련짓기

자신과 직접적인 관련이 없는 일인데도 '내가 잘못했어', '내 탓이야'라고 자신을 책망하는 사고 왜곡이다. 상사의 심기가 불편할 때 말을 걸었다가 괜히 잔소리만 들었다고 해보자. 그럴 때 보통은 '타이밍을 잘못 잡았네'라고 생각한다. 그러나 자신과 관련짓기 사고 왜곡이 발동하면 '내 태도가 상사를 짜증 나게 했는지도 몰라'라며 원인을 자신에게서 찾는다.

'후배가 성장하지 못하는 것은 내가 지도를 잘못했기 때문이야', '가족이 불행한 것은 내 잘못이 커'라고 생각하는 것도 이런 유형의 사고 왜곡이다.

고정관념의 구조

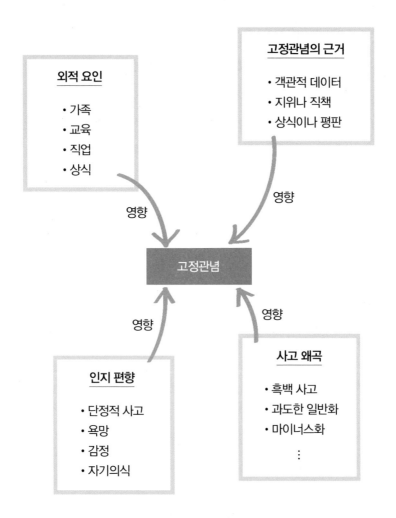

내가 생각해도 나는 문제가 많아

어떤 고정관념이 숨어 있는지 찾아내려면 어떤 자동사고가 발동했는지를 알아야 한다. 고정관념은 마음속에 완전히 녹아들어 있고, 자동사고도 당신이 모르는 사이에 발동된다. 따라서 잠깐 생각하는 정도로는 자신에게 어떤 고정관념이 있는지 알아낼 수 없다.

무엇이 근원적인 고정관념인지, 즉 '모든 악의 근원'을 밝혀내지 않는 한 문제를 해결할 수 없다. 자신의 고정관념을 밝혀내기 위해서는 일정한 준비와 간단한 기술이 필요하다. 내가 고안한 고정관념 차트 분석법을 네 단계로 소개한다.

- 1단계: 문제 리스트를 만든다.
- 2단계: 고정관념 차트 분석도를 만든다.
- 3단계: 사고 왜곡의 종류를 밝혀낸다.
- 4단계: 고정관념의 출발점을 밝혀낸다.

1단계: 문제 리스트를 만든다

"그럼 먼저 자신이 안고 있는 문제, 마음에 걸리는 기억을 전부 적어보세요."

카운슬링이나 심리 요법을 진행할 때 제일 먼저 듣게 되는 말이다. 고정관념을 밝혀낼 때도 자신이 안고 있는 대인관계 등의 문제, 심리적인 스트레스를 전부 끄집어내는 것부터 시작한다. 다만, 이것이 그렇게 쉬운 일이라면 아무도 고민하지 않았을 것이다. 카운슬링이나 심리 요법을 받지 않더라도 스스로 문제를 해결할 수 있을 테니까.

그러므로 이 단계에서는 가벼운 마음으로 느긋하게 적어보기 바란다. 깊이 따져보는 게 아니라 '머릿속에 떠오르는 것을 적는다'라고 생각하면 된다.

리스트를 만들 때는 기본적으로 한 줄에 한 가지 문제를 열거한다. 마음에 걸리는 점이나 고민되는 점을 생각나는 대로 적어보

자. 예를 들면 다음과 같은 문제들이다.

- 실전에 약하다.

- 컨디션이 좋지 않다.

- 회사 사람들이 나를 싫어한다.

- 내 기획이 제대로 진행되지 않아 슬럼프에 빠졌다.

- 미래가 불안하다.

2단계: 고정관념 차트 분석도를 만든다

자신이 안고 있는 문제의 근거를 가시화함으로써 자신이 빠져 있는 고정관념을 발견하는 데 도움을 주는 차트다. 먼저 해결하고자 하는 항목을 고른다. 항목을 정했으면 그것을 출발점으로 해서 근거와 원인을 상하좌우로 써나간다. 다음 그림과 같이 근거와 원인으로 생각되는 요소를 계속 나열하면서 관련 사항을 연결하면 된다.

항목과 항목을 연결해 차트에 나열할 때는 순서와 조합을 계속 바꿔도 상관없다. 처음에는 생각지도 못했던 항목들이 사실은 과거의 추억을 통해 연결되는 경우도 있다. 한 가지에 집착하지 말고 유연성을 발휘해 생각을 부풀리자.

고정관념 차트 분석법

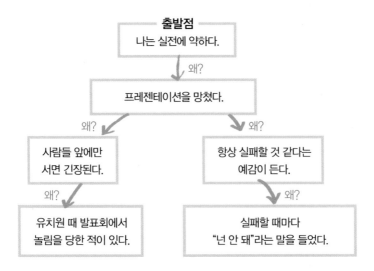

출발점
나는 실전에 약하다.

↓ 왜?

프레젠테이션을 망쳤다.

왜? ↙   ↘ 왜?

사람들 앞에만
서면 긴장된다.

항상 실패할 것 같다는
예감이 든다.

왜? ↓   ↓ 왜?

유치원 때 발표회에서
놀림을 당한 적이 있다.

실패할 때마다
"넌 안 돼"라는 말을 들었다.

그 항목에 연결되는 것이 항상 한 가지뿐인 것은 아니다. 예를 들어 '나는 이성에게 인기가 없다'라는 항목에 '얼굴이 못생겼다', '지금까지 연애를 해본 적이 없다', '여성과 대화하는 것이 서툴다' 등 여러 가지 근거로 연결되기도 한다.

참고로 내가 작성한 차트를 소개한다. '고등학교 1학년 때 ○○에게 대머리라는 말을 들었다'와 같이 학창 시절까지 거슬러 올라가기도 하고, '여성만이 내 인생에서 가치 있는 걸까?'와 같이 생각지도 못한 질문이 나오기도 한다. '인생에서 더 소중한 것을 찾자' 같은 해결책이 나오기도 한다.

그런 식으로 원인을 세밀하게 파고들다 보면 자신을 속박하

탈모 공포증인 사람의 차트

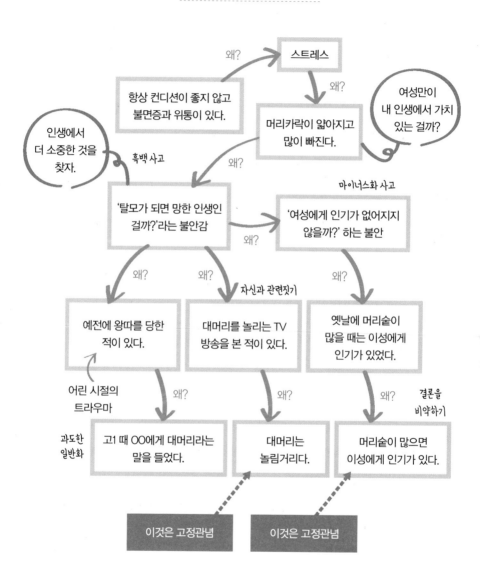

는 고정관념들이 무엇인지 깨닫게 된다. 그것이 핵심이다. 차트에 '답'이 있는 게 아니다. 무엇이 정답인지를 신경 쓰지 말고 자신의 사고가 어떻게 되어 있는지를 탐구해 깨닫는 것이 중요하다.

인간의 생각은 연상 게임처럼 진행된다. 예를 들어 '피 → 살인 → 공포'와 같은 식이다. 판단이나 결단, 고정관념도 이런 연쇄고리를 통해 만들어진다. 그러므로 이를 깨닫는 것이 중요하다.

예를 들어 중요한 프레젠테이션을 할 때 긴장해서 땀이 멈추지 않는 사람이 있다고 해보자. 이 경우 자동사고에서는 '프레젠테이션'과 '땀'이 직접 연결되어 있다고 여길 수도 있다. 그러나 잘 생각해보면 둘 사이에는 '프레젠테이션 → 예전에 실패한 적이 있다 → 이번에는 절대 실패해서는 안 된다 → 공포와 긴장 → 신체적 반응인 땀'이라는 연쇄고리가 있다.

이런 연쇄고리를 알아내면 차트를 통해 문제점을 밝혀나갈 수 있다. 즉 사고의 연쇄고리를 깨달으면 판단의 근거를 찾을 수 있다.

차트를 만들 때 가장 주의해야 할 점은 차트 만들기 자체가 고정관념에 사로잡히는 일이라는 사실을 자각하는 것이다. '틀림없이 이것과 이것이 연결되어 있다', '이렇게 배열되어야 이상하지 않다'라고 생각하지 말고 자유롭게 배열하고 연결해보자.

3단계: 사고 왜곡의 종류를 밝혀낸다

차트가 완성되면 그것을 바탕으로 자신이 어떤 사고 왜곡에 빠졌는지 찾아보자. 차트의 경향을 살펴보면 사고 왜곡의 종류가 보인다. 예를 들어 '흑백 사고'에 빠진 사람은 '자신감이 부족하다 → 내가 결점투성이여서 → 결점투성이면 사람들에게 사랑받지 못한다 → 사랑받으려면 완벽해져야 한다'와 같이 모 아니면 도인 요소가 잔뜩 들어가 있을 것이다.

차트에 구체적인 근거보다 '분했다', '슬펐다'와 같은 감정 표현이 많이 섞여 있는 사람은 '감정적으로 단정 짓기 사고'에 빠져 있을지도 모른다. 또 '~해야 한다', '~여야 한다'라는 표현이 많은 사람은 '해야 한다 사고'에 사로잡혔다고 볼 수 있다.

이렇게 차트에서 자신의 사고 습관을 찾아내 보자.

4단계: 고정관념의 출발점을 밝혀낸다

차트를 보면 현재의 고민이 반드시 고정관념의 출발점과 일치하는 건 아님을 알 수 있다. 눈앞의 고민은 구체적이므로 의외로 가까운 곳에서 원인을 발견할 수도 있다.

한편 고정관념의 원인은 무의식에 자리하며 어린 시절부터 현재까지의 기억이나 경험이 얽혀 있기 때문에 찾아내기가 쉬운 일은 아니다. 예를 들어 '직장에서 좋은 결과를 내지 못한다'라는 고민 끝에 차트를 만들기 시작했다고 가정하자. '입사한 지 얼마 안 돼서 아직 미숙하기 때문에 → 미숙한 것은 경험을 많이 쌓지 못했기 때문에'라는 항목을 연결했다고 하자. 여기까지 왔으면 일단 '직장에서 좋은 결과를 내지 못한다'라는 고민의 원인이 밝혀진 것처럼 보일지도 모른다. 경험 부족 때문이라면 경험을 쌓으면 되니 말이다.

그러나 고정관념의 원인을 밝히기 위해서는 여기서 멈춰서는 안 된다. 왜냐하면 '애초에 왜 경험을 쌓지 못했는가?'라는 부분에 고정관념과 그 원인이 숨겨져 있기 때문이다. 고민의 원인만 찾아내는 데서 그칠 뿐 고정관념의 원인까지 확실히 밝혀내지 않으면 고민을 근본부터 해결했다고 할 수 없다.

고민의 원인에 도달했다고 생각되면, 그때부터는 다음과 같은 질문을 하면서 차트의 다음 그림을 생각해보기 바란다.

- 겉으로 드러난 이유와 근거의 배후에 숨겨진 중요한 문제는 없는가?
- 좀 더 구체적이고 명확하게 표현할 수는 없는가?
- 특히 그렇게 느끼는 장면, 상황, 조건이 있는가?
- 그렇게 생각하는 근거가 되는 '사실'은 무엇인가?
- 실제와는 다를지 모르지만, 만약 다른 가능성을 생각한다면 어떤 근거

를 들 수 있는가?

　예를 들어 '경험이 부족하다'라는 문제의 원인으로 보이는 이유에 대해 '겉으로 드러난 이유와 근거의 배후에 숨겨진 중요한 문제는 없는가?'라고 묻는 식이다. 그렇게 했더니 '왜 경험을 쌓지 못하는가?'라는 문제점이 부각됐다면, 거기서부터 다시 차트를 만들어 원인을 찾아나간다. '왜 경험을 쌓지 못하는가? → 경험을 쌓는 과정에서 실패할지도 모르니까 → 실패하고 싶지 않아서, 실패가 두렵기 때문에 → 실패할 바에는 차라리 하지 않는 편이 나으니까 → 실패는 피할 수 있으면 피해야 하는 거니까 → 부모나 선생님에게 실패하면 안 된다는 말을 계속해서 들었기 때문에'처럼 계속 연결될 것이다.

　이런 결과가 나왔다면, 직장에서 좋은 결과를 내지 못하는 문제의 출발점은 '실패에 대한 비정상적인 수준의 두려움'이라는 고정관념이 된다. 게다가 이 부분을 더욱 파고들면 '어렸을 때 피아노 발표회에서 큰 실수를 해서 많이 혼난 적이 있다'와 같이 고정관념으로 연결되는 과거의 경험이나 기억도 찾아낼 수 있을 것이다.

　여기까지 왔다면 마지막으로 그것이 고정관념인지 아닌지를 확실하게 파악한다. '실패하는 것은 정말로 두려운 일일까?' 이것이 고정관념인지 아닌지를 검증하기 위해서는 이 생각을 자신이 얼마나 확신하고 있는지 살펴보면 된다. '실패하는 것은 두려운 것'이라는 생각에 대해 그렇다고 확신한다면 100%, 어느 정도 그렇게 생각한다면 50%, 전혀 그렇게 생각하지 않는다면 0%라는 기준으로 자신은 어느 정도에 해당하는지 생각해보는 것이다.

확신도가 50% 이상이라면, 고정관념의 벽이 있는지를 파악하기 위해 다음과 같은 질문을 던져보자. 정말로 그것이 고정관념인지 아닌지 검증하는 것이다.

- 당연함의 벽: 그것이 정말로 궁극의 근거인가?
- 상식의 벽: 그것은 세상의 상식인가, 아니면 스스로 결정한 기준인가?
- 집착의 벽: 그것에 집착하는 근거와 이유는 무엇인가?
- 기억의 벽: 언제쯤 그런 확신을 갖게 됐는가?
- 실감의 벽: 그것을 실감케 하는 원래의 판단 기준은 무엇인가?

참고로 확신도가 50% 미만이라면, 그 근거와 이유는 그다지 타당성이 없다. 즉 우연이라고 할 수 있다. 따라서 지금 당장 버려도 되는 생각이다. 확신도가 50% 이상이라면, 확신은 있다고 생각하지만 사실은 근거나 이유가 없다고 깨닫는 경우도 있다. 그것이 바로 고정관념이다.

여기까지 왔으면 '실패는 공포'라는 고정관념이 출발점이 되어 자기 행동에 제약을 가하고 있음을 깨닫게 된다. 고정관념의 출발점을 밝혀내면 안타까운 자신을 만들고 있는 원인이 어렴풋이 보일 것이다.

한마디로, 고정관념은 고정관념에 지나지 않으므로 그냥 버리면 된다. 다만, 말처럼 쉽게 버릴 수 있다면 세상에 누가 고민을 하겠는가. 다음 장에서는 고정관념을 만드는 사고 왜곡을 바로잡는 방법을 소개하겠다.

제4장

당신은 생각보다 괜찮은
사람이다

부정적인 예측은 종종 더 이상 노력하지 않을
핑계가 되곤 한다. '어차피 해도 소용없어'라는
무력감이 바탕에 깔려 있는 것이다. **작은 일이라도 좋으니
하면 된다는 경험**을 조금씩 쌓아가자.

부정적 자동사고에서 벗어나
긍정적 자동사고로

　이제 드디어 문제 해결 단계로 접어들었다. 어떻게 하면 고정 관념에서 벗어나 자유로운 사고를 할 수 있는지 알아보자.

　먼저, 고정관념은 앞에서 설명한 자동사고와 밀접한 관계가 있음을 기억하자. 일상생활을 할 때는 논리적 사고보다 자동사고가 더 편리하고 상황을 빠르게 판단해야 할 때도 도움이 된다. 그러나 달리 말하면, 자신이 의식하지 못한 상태에서 제멋대로 진행되는 사고라는 뜻이기도 하다. 비행기 조종에 비유하자면, 미리 컴퓨터로 제어된 자동 조종과 같은 것이다. 이 자동사고에서 벗어나기 위해서는 의식적으로 자신의 평소 사고방식, 사물을 보는 관점을 의심해봐야 한다. 즉, 자동으로 조종되는 사고의 스위치를 끄고 조종사인 자신이 직접 조종간을 잡고 수동으로 조종해야 한다.

비행기도 평상시에는 자동 조종으로 움직이다가, 무언가 문제가 발생하거나 위급한 상황일 때는 수동으로 전환해 조종한다. 그와 마찬가지로, 사람도 만일의 경우에는 스스로 마음을 컨트롤할 수 있도록 준비해둘 필요가 있다.

그렇다면 자동에서 수동으로 바꾸는 스위치는 어디에 있을까?

답은 '인지'다. 인지는 개인이 사물을 파악하는 방식을 가리킨다. 당연한 얘기지만 사물을 파악하는 방식은 사람마다 다르다. 똑같은 캐릭터를 보고 귀엽다고 느끼는 사람이 있는가 하면, 기분 나쁜 캐릭터라고 생각하는 사람도 있다. 똑같은 외부 자극을 받아도 인지 방식은 사람마다 다르다.

사고 컨트롤하기

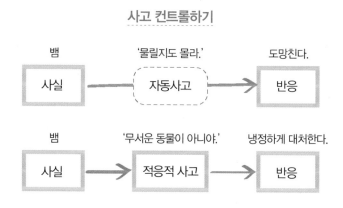

인지 요법은 인지 방식을 바꾸는 심리 요법이다. 제3장에서 사고 왜곡의 아홉 가지 패턴을 설명했다. 이제 각각의 대처법을 소개하겠다. 자신에게 해당한다고 생각되는 유형을 찾아서 스위치를 켜기 바란다.

부정적 자동사고를 끊어내는 아홉 가지 방법

① 흑백 사고, 모 아니면 도 사고를 끊어내기

예를 들어 자신에게 할당된 영업 목표에 살짝 못 미치는 성과를 냈을 때, '아무것도 하지 않은 것과 같다', '나는 무능한 인간이다'라고 생각하는 것이 이 사고에 해당한다. 모든 것을 모 아니면 도라는 식으로 생각한다. 프레젠테이션에 사용할 자료를 며칠 밤을 새워 엄청나게 공들여 만든 후 스스로 만족해하는 완벽주의자도 이 유형에 속한다.

이런 유형은 어떤 계기를 만나 마음이 꺾여버리면 다시 일어서기까지 상당한 시간이 걸린다. 슬럼프에 빠져 고생하지 않으려면 마음의 강도를 적절히 조정하는 방법을 익혀두는 게 좋다.

〈극복하는 방법〉

수치화를 통해 회색 지대를 찾아낸다

'모 아니면 도', '성공 아니면 실패'와 같이 둘로 나눠진 사고의 확신도를 0~100% 사이에서 수치화하는 방법이다. 즉, '아무것도 하지 않은 것과 같다', '나는 무능한 인간이다'라는 생각이 정말 맞는지 확인해보는 것이다.

일에서 실패했다면 그 실패가 몇 퍼센트 정도인지 생각해본다. '상사에게는 혼이 났지만 고객은 인정해줬으니 40% 정도 될까?', '다른 회사에 계약을 뺏긴 건 분하지만 내가 할 수 있는 일은 다 했으니 60%인가?' 식으로 말이다. 이렇게 수치화하면 막연한 불쾌감이나 불안함이 사라진다.

0에서 100이라는 연속된 수치로 생각하다 보면 흰색 아니면 검은색만 있는 것이 아니라 회색 지대가 더 넓다는 것을 깨닫게 된다. 그리고 100%의 실패나 실수는 거의 없다는 사실도 알게 된다.

감점 방식을 버리고 가점 방식으로 바꾼다

완벽주의자는 이상적으로 생각하는 100%의 자신을 기준으로 현재의 자신을 평가하는 경향이 있다. 그와 반대로 '아무것도 못하는 자신'을 '0'으로 놓고, 이를 기준으로 자기평가를 해보는 것이 이 사고법이다.

예를 들어 영업 목표를 달성하지 못했다고 가정하자. 이때 '이번 달은 망했어'라고 자책하는 것이 아니라 '처음 영업했을 때를 생각해봐. 그땐 한 건도 따내지 못했잖아'라며 0점을 설정한다. 그리고 0점이었을 때와 비교해서 지금의 나는 어느 정도 할 수 있게 됐는지 생각한다. 만약 30건 계약을 했다면 30점이나 높아진 것이다.

완벽주의자일수록 과거의 '가장 잘나가던 나'를 기준으로 삼는다. 그러다 보니 그때보다 못한 결과가 나오면 자기를 '마이너스'로 평가한다. 그러나 그런 방식으로는 의욕도 생기지 않고 항상 좌절만 맛보게 된다. 더 높은 곳을 지향하는 자세는 중요하지만, 필요 이상으로 자신을 낮게 평가해서는 안 된다. 조금이라도 좋은 결과를 냈다면 그것을 '플러스'로 생각하는 자세가 중요하다.

이렇게 감점 방식에서 가점 방식으로 사고법을 전환하자. 이 과정을 통해 잘한 점을 찾아내면 자신을 받아들일 수 있게 되어 결과적으로 좋은 실적을 낼 수 있다.

원그래프법

직장에서 크게 실패했을 때 자신을 탓하며 의기소침해 있지 말고 왜 실패했는지 그 원인을 원그래프로 만들어보자.

자신을 강하게 비난하는 사람은 '내 능력이 없어서'라는 항목에 몇십 퍼센트의 영역을 할애할 것이다. 또 부하 직원의 부족한 부분을 적절히 지원하면서 성장시키는 것이 상사의 역할이므로 '상사의 지원이 부족했다'라는 항목도 분명히 포함될 것이다. 경기가 나쁜 탓도 있을 테고, 영업부 전체의 노력이 부족한 것도 원인이 될 수 있을 것이다. 애초에 고객이 원하는 것과 자사의 상품이 맞지 않은 것도 이유가 될 수 있다. 이런 요소들을 핑계라고 생각하지 말고 원인에 포함해 원그래프로 구분해보자.

그리고 그중에서 자신이 원인인 것은 얼마나 되는지를 파악하자. 실패의 원인 전부가 자신이 아니라는 사실을 확인하면 마음이 한결 편해질 것이다.

② 과도한 일반화를 끊어내기

몇 번밖에 경험하지 못했으면서 '내가 못생겨서 여자들이 상대해주지 않는다', '저 회사는 아무리 열심히 영업해도 계약을 따낼 수 없다'라고 단정 짓는 것이 이 사고법이다.

〈극복하는 방법〉

'절대, 모두, 항상'이라는 표현을 되도록 사용하지 말자. 이 말이 튀어나올 것 같을 때는 '못생겨도 인기 있는 사람이 있어', '저 회사에 영업해서 계약을 따낸 사람도 있던데'와 같이 반대되는 사례를 찾아보자. 즉, '예외'를 찾는 것이다. 그러면 '절대, 모두, 항상'의 근거들이 와르르 무너져 내릴 것이다.

③ 마이너스화를 끊어내기

상황이나 사물의 나쁜 면만 보게 되는 부정적 필터를 가진 사람은 긍정적 필터로 바꾸는 것이 좋다. 그러나 말처럼 쉽게 바꿀 수 있다면 누가 이 문제로 고민하겠는가. 완전히 바꿀 수는 없어도 부정적인 생각을 바꾸는 데 계기가 되는 방법 두 가지를 소개한다.

〈극복하는 방법〉

장점과 단점을 생각한다

비즈니스를 할 때는 '장점과 단점을 따져라'라는 말을 자주 한다. 이처럼 자기 생각의 장점과 단점이 무엇인지 생각해보자. 예를 들어 말주변이 없어서 고민이라면, 그에 따른 장점과 단점을 따져보자.

- 단점: 설명이 부족해 오해를 살 때가 많다. / 대화가 이어지지 않는다. / 상사가 자주 짜증을 낸다. / 사람들 앞에 나서면 머릿속이 하얘진다. / 사람들과 쉽게 친해지지 못한다.
- 장점: 말수가 적어 진중하다는 평가를 받는다. / 말을 잘하지 못하는 만큼 다른 사람의 말을 잘 들어준다. / 쓸데없는 말을 잘 하지 않는다.

이렇게 정리해보면 말주변이 없는 것이 꼭 나쁘기만 한 것은 아니라는 사실을 깨닫게 된다.

게다가 자신이 다른 사람의 말을 잘 들어준다는 사실을 깨달으면 '말을 잘하는 사람보다 이야기를 잘 들어주는 사람이 되자'라는 새로운 목표를 세울 수도 있다. 서툴다고 생각했던 것 속에서 의외의 장점을 발견하게 되는 것이다. 그렇게 깨달음을 얻으면 부정적 필터를 걷어낼 수 있다.

적응적 사고

마이너스화 사고에 빠졌을 때는 '적응적 사고'를 하면 균형을 잡을 수 있다. 적응적 사고란 비판도 아니고 낙관도 아닌, 어느 한 쪽으로 치우치지 않은 사고를 의미한다. 즉, 좀 더 현실적이고 균형 잡힌 생각이다. 적응적 사고는 자동사고에 대해 근거와 반증으로 고정관념을 무력화한다. 이 방법은 노트에 적으면서 진행하는 편이 알기 쉬울 것이다.

근거란 자동사고가 옳다는 것을 뒷받침하는 생각을 가리킨다. 예컨대 '나는 일머리가 없다'라는 자동사고의 근거는 '제대로 해낸 일이 하나도 없다'가 될 것이다. 이 자동사고를 깨뜨리려면 반증을 통해 그 근거가 틀렸음을 입증하면 된다. '제대로 해낸 일이 하나도 없다'가 근거라면 '잘 해낸 일도 있어. 최근에 A사와 계약을 연장했잖아?'라고 반증을 찾는 것이다.

이 근거와 반증을 '그리고'로 연결해보자.

'제대로 해내지 못한 일도 있다. 그리고 제대로 해낸 일도 있다.'

이 문장을 읽으면 '그렇군, 제대로 해낸 일도 있었네'라고 깨닫게 된다.

당연하다고 생각할지 모르지만 그 당연한 생각을 하지 못하게 하는 것이 마이너스화 사고다. 적응적 사고를 하면, 부정적인 방향으로 끌려가기 쉬운 마음을 긍정적인 방향으로 되돌릴 수 있다.

④ 결론을 비약하는 사고를 끊어내기

마음에 드는 여자와 데이트를 하고 있는데 그녀가 한숨을 쉬었다고 가정하자. 이때 남자는 '혹시 내 얘기가 재미없었나? 나랑 함께 있는 게 힘든가? 아, 난 역시 안 돼. 또 차이겠구나'라며 일사천리로 비극적인 결론을 내버린다.

정도의 차이는 있지만, 일상에서 상대가 어떤 상황에 처했는지 자세히 살펴보지도 않고 제멋대로 예측하는 경향은 누구에게나 있다. 별다른 근거가 없음에도 상대의 사소한 반응만 보고 '이렇게 생각하는 것이 틀림없어'라고 추측해버린다. '나한테 완전히 빠진 게 틀림없어!' 같은 긍정적인 추측이라면 그나마 다행이지만, 비관적인 결론이라면 인생이 괴로워진다.

〈극복하는 방법〉

가장 간단한 방법은 '상대에게 물어보는 것'이다. 데이트 상대가 한숨을 쉬었다면 "혹시 제 얘기가 지루하세요?"라고 과감하게 물어보자. 그러면 "사실은 회사에 고민거리가 있어서요"라며 고민을 털어놓을지도 모른다. 당신의 이야기가 지루했던 것이 아니라 자신의 고민 때문이었을 가능성도 얼마든지 있다.

한 가지 덧붙이고 싶은 것이 있다. 가능성 중 하나로 최악의 사태를 예측하는 것은 결코 나쁜 일이 아니다. 실제로 그런 최악의 사태가 일어났을 때를 대비해 준비하는 것은 필요한 일이기도 하다. 다만, 그것은 '틀림없이 그렇게 될 것이다'라고 결론을 내버리는 것과는 완전히 다르다. 최악의 상황을 결론이 아니라 가능성으로 받아들이고 최선의 가능성을 현실화하기 위해 노력하는 자세가 중요하다.

부정적인 예측은 종종 더 이상 노력하지 않을 핑계가 되곤 한다. '어차피 해도 소용없어'라는 무력감이 바탕에 깔려 있는 것이다. 작은 일이라도 좋으니 하면 된다는 경험을 조금씩 쌓아가자. 그러면 자기긍정감이 생기고 좀 더 객관적이고 균형 잡힌 생각을 할 수 있을 것이다.

⑤ 확대해석과 과소평가를 끊어내기

사소한 실수를 했을 뿐인데 '나는 역시 무능한 인간이야'라고 과장되게 생각하는 것이 확대해석이고, 자신의 성공이나 좋은 성과를 높게 보지 않는 것이 과소평가다. 그러면서 타인에 대해서는 좋은 점은 과장되게, 단점은 사소하게 생각한다. 언뜻 타인을 인정하고 겸손한 태도를 가진 좋은 사람으로 생각되지만, 도가 지나치면 '나는 다른 사람보다 부족하다'라는 열등감만 키우게 된다.

〈극복하는 방법〉

작은 실패를 큰 실패로 생각하고 성공을 무시한다는 의미에서는 모 아니면 도 사고를 가졌다고도 할 수 있다. 따라서 모 아니면

도 사고 극복법을 이용해도 좋다.

또 자신의 성공이 어느 정도인지를 냉정하게 평가하는 과정을 거치다 보면 이 고정관념을 극복할 수 있다. 요컨대 모든 일을 공평하고 객관적으로 볼 필요가 있다. 그러려면 넓은 시야와 유연한 마음이 있어야 하는데, 이를 위해 필요한 것이 '여유'다.

그 여유는 어떻게 만들 수 있을까? 자신을 받아들이고, 타인도 받아들이는 자기긍정감을 키워야 한다. 이를 위해서도 자신의 '장점'을 찾아야 한다. 여기에서 공평한 시각이 생겨나기 때문이다.

⑥ 감정적으로 단정 짓는 사고를 끊어내기

자신의 감정을 근거로 좋은지 나쁜지를 단정 짓거나 자신의 감정을 사실처럼 생각해버리는 것을 '감정 우위 사고'라고 한다. 예를 들어 '나는 저 사람이 싫어. 그러니 저 사람은 틀림없이 나쁜 사람이야', '오늘은 기분이 별로야. 그러니까 오늘은 안 좋은 날이야'라는 식이다.

〈극복하는 방법〉

무언가를 감정적으로 단정 짓는 경향이 있다면 다른 선택지나 가능성을 생각해보는 습관을 들이길 권한다.

• 상사는 짜증 나는 인간이다. 그러니 상사는 틀림없이 나쁜 사람이다.

→ 여성에게는 친절해서 인기가 많다. 거래처 사람들도 좋아한다.

→ 내 마음에는 안 들지만 좋은 점도 있다.

• 나는 말주변이 없어서 영업이 적성에 안 맞다.

→ 세상에는 말주변이 없지만 영업을 잘하는 사람도 많다.

→ 나도 방식을 바꾸면 영업을 잘할 수 있을지도 모른다.

감정적으로 될 때는 다른 선택지나 가능성을 찾기가 힘들 수도 있다. 그렇지만 자꾸 의식하다 보면 '이렇게도 생각할 수 있지 않을까?'라며 점차 다른 선택지도 찾을 수 있게 될 것이다. 세상에는 '절대'란 없음을 깨닫는 것이 고정관념에서 벗어나는 첫걸음이다.

⑦ '해야 한다' 사고를 끊어내기

'~해야 한다'라는 고정관념을 극복하려면 그 사고에 반론할 수 있는 기술을 익혀야 한다. '~해야 한다'라는 생각이 들면 '정말로?', '누가 그렇게 정했지?'라고 자문해보자.

〈극복하는 방법〉

예를 들어 '서른 살까지는 결혼을 해야 한다', '부모님의 의견에는 무조건 따라야 한다', '직장에서는 상사에게 칭찬받을 정도의 결과를 내야 한다' 등 '해야 한다' 사고에 지배당할 것 같으면 다음과 같이 생각해보자.

- 그것은 반드시 따라야 하는 것인가?
- 그것은 완벽하게 해야 하는 것인가?
- 내 주변에 '해야 한다' 사고를 가진 사람이 나에게도 강요하고 있진 않은가?

'해야 한다' 사고는 자신뿐만 아니라 주위 사람들에게까지 압박을 가하는 경향이 있다. 예를 들어 '한번 맡은 일은 끝까지 해내야 한다'라는 생각이 그렇다. 물론 그것이 이상적이긴 하지만, 상황에 따라서는 도중에 단념할 수밖에 없는 경우도 있다. 그런데 '해야 한다' 사고라는 틀에 갇혀 있으면 상대의 이유도 듣지 않고 "왜 끝까지 하려고 하지 않는 거니?", "중간에 그만두는 건 근성이 없는 거야"라고 질책하게 된다. 만약 부모나 상사가 이런 유형이라면 그 가정의 자녀나 회사의 부하 직원들은 많은 스트레스를 받게 된다.

세상에 '절대'라는 것은 없으며, 생각대로 풀리지 않는 일이 많다는 것을 알고만 있어도 마음이 가벼워질 것이다.

많은 고민의 이면에는 '해야 한다' 사고가 숨어 있다. '직장에서 좋은 성과를 내지 못하고 있다'라는 고민의 이면에는 '직장에서는 반드시 좋은 성과를 내야 한다'가, '컨디션이 좋지 않다'의 이면에는 '건강해야 한다'가, '돈이 없다'의 이면에는 '돈이 많아야 한다'가 숨어 있다.

모든 '~해야 한다'를 의심해보자. 그리고 이렇게 생각해보자. '직장에서 좋은 결과를 내지 못해도 괜찮아. 길게 보고 언젠가 좋은 성과를 내면 되지', '항상 건강하기는 어려운 일이잖아. 살다 보면 몸이 아플 때도 있는 거지', '돈이 없으면 어때? 돈이 없어도 행복한 사람은 많잖아. 초조해한다고 하늘에서 돈이 떨어질 리도 없는데, 뭐'라고 말이다.

'~해야 한다'에서 한 번쯤 자신을 해방해주자. 그러면 다른 관점을 얻을 수 있다.

⑧ 낙인찍기를 끊어내기

사람은 자신에게도 타인에게도 낙인을 찍는다. 특히 타인에게 한번 낙인을 찍으면 진정으로 그를 이해하려는 마음이 생기지 않는다. 낙인을 찍고 분석하면 실제로는 잘 알지 못하면서도 잘 아는 것 같은 기분이 된다. 그러나 사람은 그렇게 단순한 존재가 아니다.

〈극복하는 방법〉

과도한 일반화 또는 단순화가 습관이 된 사람은 자신이 낙인찍기를 하고 있다는 자각도 없을 것이다. 그래서 그 폐해를 금방 깨닫지 못할 수도 있지만, 스스로 가치 있는 사람이나 사물을 내쫓고 있음을 깨달아야 한다. 사람에게는 다양한 면이 있다. 사람 자체(전인격)와 각각의 특성(혈액형, 겉모습, 말투 등)이나 행동을 동일시하지 말자. 이런 습관은 꾸준히 고쳐나가는 수밖에 없다.

타인에게 낙인을 찍는 경향이 있다면, 자신이 낙인찍은 것 이외의 측면을 의식적으로 주목하자. '저 사람은 사소한 것에 지나치게 까다롭지만 그 대신 일을 꼼꼼하게 하네?'와 같은 식으로 말이다.

반대로 자신이 낙인찍힌 입장일 때 그 낙인을 지우려면 먼저 자신의 성격, 성질이 '낙인'임을 인식해야 한다. '소극적인 성격', '커뮤니케이션 장애' 등 자신에 대한 평가가 단순한 낙인임을 인식하기만 해도 큰 효과가 있다.

⑨ 자신과 관련짓는 사고를 끊어내기

자신과 관련짓기는 온갖 부정적인 사건, 좋지 않은 사건을 전부 자기 탓으로 여기는 사고 왜곡이다. 합리적인 원인이나 이유가 없음에도 무조건 '내 잘못이야'라고 생각한다. 이 고정관념을 깨뜨리려면 '탈중심화'라는 방법을 이용하는 것이 좋다. 탈중심화는 '모든 나쁜 일은 나를 중심으로 일어난다'라는 생각에서 벗어나는 방법이다.

여기에 두 가지 방법을 소개하니 자신에게 적합한 방법을 시험해보기 바란다.

〈극복하는 방법〉

자신을 변호한다

자신이 변호사가 되어 또 한 명의 인물(자신)을 피고인으로 상정하고 변호해보는 방법이다. 이때는 다음과 같은 질문이 유용하다.

- 그 행동에 대한 다른 설명은 없는가?
- 분별 있는 사람이라면 어떻게 행동하리라고 생각하는가?
- 그 사고와 행동의 유리한 점과 불리한 점은 무엇인가?
- 객관적인 배심원단은 어떻게 평가하리라고 생각하는가?

예를 들어 부서 회의 자리에서 상사가 "최근 다들 느슨해졌어!" 라며 화를 냈다고 해보자. 이때 '자신과 관련짓기' 사고 왜곡이 발동하면 '상사가 화를 내는 건 나 때문이야'라며 죄를 인정하는 피고가 자신의 마음속에 나타난다.

거기서 등장하는 것이 변호사다.

"상사가 회의에서 화를 낸 것이 피고의 책임일까요?"

"상사는 다들 느슨해졌다며 화를 냈습니다. 이것이 피고만의 잘못일까요?"

"애초에 피고는 업무를 느슨하게 처리하고 있었나요?"

이렇게 마음속에서 변호사와 피고인 입장이 되어 대화를 나누다 보면 '나는 일을 대충 처리한 적이 없으니 겁먹을 필요가 없어'

라는 생각에 다다를 수 있다. 그러면 자신과 관련지을 필요가 없음을 알게 될 것이다.

선택지를 늘린다

고정관념에 빠지면 한 가지 시각에 사로잡혀 다른 시각이 있다는 것을 깨닫지 못하게 된다. 그래서 일부러 다른 선택지를 생각해내는 것이 이 방법이다.

데이트 도중에 상대가 불쾌한 기색을 보였다고 가정하자. 이럴 때 습관적으로 자기 탓을 하지 말고, 그 밖의 가능성을 찾아보자.

'비가 내려서 그런 걸까?'

'좀 전의 레스토랑 요리가 맛이 없었나?'

'몸이 안 좋은가?'

다시 말해, '내 탓이 아니라면 어떤 이유가 있을까?'를 생각하는 것이다. 물론 본인에게 직접 물어보지 않으면 정답은 알 수 없다. '졸려서'라는 생각지도 못한 변화구가 날아올 가능성도 있다. 그러나 선택지를 갖는 습관을 들이면 마치 조건반사처럼 '내 탓이다'라고 생각하는 버릇은 고칠 수 있다.

지금까지 다양한 사고 왜곡에서 벗어나는 방법을 설명했다. 자동사고는 제멋대로 작동하는 사고의 자동 조종으로, 말하자면 편하게 사고하는 상태다. 따라서 고정관념에서 벗어난다는 것은 편안한 상태에서 벗어난다는 의미이기도 하다. 자신이 직접 조종해야 한다면 긴장도가 높아지고, 뜻대로 풀리지 않아서 심란해질 수도 있다. 그래도 고정관념에 대처하는 방법을 터득하면 예기치 못한 사건이 일어나도 임기응변으로 대처할 수 있으며, 시간이 갈수록 자신의 사고를 자유롭게 컨트롤할 수 있게 된다.

그리고 사고가 바뀌면 삶의 방식도 달라진다. 사고의 왜곡을 교정하면 자기다운 삶을 살아갈 수 있다.

'발코니 사고법'으로
자신을 위에서 내려다보자

마치 닻(앵커)에 연결된 배처럼 사고가 고정되어 틀에 얽매이고 좌우되는 것을 '앵커링anchoring'이라고 한다. 예를 들어 대부분의 스웨터가 18만 원짜리인 가게에서 9만 원짜리 스웨터가 있으면 횡재라고 생각하며 사게 되지만, 대부분의 스웨터가 4만 원짜리인 가게에 9만 원짜리 스웨터가 있으면 뭐가 이렇게 비싸냐는 생각이 들 것이다.

우리는 완전한 백지상태에서 생각하지 못한다. 항상 어떤 틀 안에서 또는 무언가와 비교하면서 상황을 파악한다. 그러니 거기에서 벗어나는 건 대단히 어려운 일이다.

또 감정에 지배당할 때 부정적인 고정관념이 생겨나기 쉽다.

'저 사람은 언제나 나를 짜증 나게 해.'

'어차피 다음에도 잘 안 될 게 뻔하지.'

이것도 또 다른 앵커링이다. 상대를 싫어하면 상대의 사소한 한마디도 불쾌하게 느껴지고, 기분이 우울할 때는 작은 실수도 크게 느껴진다. 이럴 때 추천하는 방법이 '발코니 사고법'이다. 이 사고법은 온갖 고정관념과 거리를 두는 데 효과적이다.

고정관념에 푹 빠져 감정적으로 변할 때는 자기밖에 안 보인다. 발코니 사고법은 자기 자신을 높은 곳에서 바라보는 방법이다. 집의 발코니에서 내려다보듯이 자기 자신 또는 사물을 높은 시점에서 객관적으로 관찰한다.

예를 들어 상사에게 "아니, 어떻게 이런 것도 몰라?"라는 모욕적인 말을 들었다고 해보자. 이때 자기도 모르게 울컥해서 되받아치거나 '이런 상사 밑에서는 일 못 하겠어!'라며 사표를 던지기 전에 냉정하게 생각해보기 바란다.

'나는 그 상사를 위해 일하고 있는 것인가?'

'그 상사에게 반론해서 내가 얻을 수 있는 건 무엇인가?'

'그런 일로 회사를 그만두는 것은 아깝지 않은가?'

그 문제를 멀리 떨어진 곳에서 바라보면 '사실 나는 사회에 도움이 되는 일을 하고 싶어서 이 회사에 들어오지 않았던가. 그 목적을 이루는 것이 내게는 더 중요해. 그러니 상사가 싫은 소리를 해도 한 귀로 듣고 한 귀로 흘리면 그만이야'와 같이 본래 자신이 해야 할 일이 떠오를 수도 있다.

발코니 사고법은 짜증이 날 때나 화가 날 때뿐만 아니라 슬플 때, 분할 때, 즐거울 때 등 온갖 상황에서 활용할 수 있다. 자신을 객관적으로 바라보는 습관이 들면 감정에 휩쓸리거나 고정관념에 얽매여 무작정 행동하는 일도 사라질 것이다.

시간축과 공간축을 바꿔보자

고정관념은 사물을 한 방향에서만 바라보는 편향된 사고를 통해 만들어진다. 고정관념에서 벗어나기 위해서는 자신이 안고 있는 문제를 다양한 각도에서 바라볼 수 있어야 한다. 물론 말처럼 쉬운 일은 아니다.

지금부터 일종의 사고실험을 소개하려고 한다. 실험이기는 하지만 자신이 고정관념에 사로잡혀 있는지 아닌지 알 기회이기도 하니 꼭 시도해보기 바란다.

① 시간축을 바꿔보자

시간축을 바꾼다는 것은 미래나 과거의 자신을 생각해본다는 뜻이다. 예를 들어 대부분의 일은 마감 기한이 정해져 있다. 그 기간 내에 성과를 내도록 요구받기 때문에 대부분 사람은 기한이 다가올수록 압박감을 느끼게 된다. 이때 압박감을 심하게 받으면 그

스트레스가 마치 영원히 계속될 것 같은 착각에 빠지기도 한다. 심지어 압박감을 견디지 못해 일을 내팽개치는 사람도 있다.

한 출판사의 편집자가 원고 마감일이 지난 작가에게 전화를 했는데 통 받질 않더란다. 그래서 수소문해봤더니 고향 집에 숨어 있었다고 한다. 이렇듯 직장에 얽매이지 않고 자유롭게 일하는 사람들도 압박감을 느끼곤 한다.

압박감에 짓눌릴 것 같을 때는 이렇게 생각해보자.

'지금 안고 있는 문제가 1개월 후 또는 1년 후에도 나를 괴롭힐까?'

예를 들어 자녀가 초등학생이 됐는데도 이불에 지도를 그린다면 부모는 '이 나이면 이제 가릴 때가 됐는데, 혹시 병이 아닐까?'라고 걱정이 될 것이다. 그렇게 고민할 때는 굉장히 심각한 일로 느껴진다. 그럴 때는 어른이 되어서도 이불에 지도를 그려서 고민이라는 사람이 주변에 있는지 생각해보자. 아마 한 명도 없을 것이다. 그러면 이렇게 생각할 수 있다.

'그런 어른은 없으니까 언젠가는 고쳐지겠지. 별로 심각한 일도 아니네. 그리고 보면 나도 어렸을 때 이불에 지도를 꽤 그렸지만 지금은 괜찮잖아.'

과거를 돌아보는 것도 사고의 속박에서 벗어나는 데 효과적이다. 아직 가보지 않은 미래는 그려보기 어렵지만 이미 지나온 과거는 수월하게 떠올릴 수 있다.

'신입사원 시절에 나는 어떤 일을 하고 있었나?'

'3년 전에는 어땠나?'

'1년 전에는 어땠나?'

이렇게 과거를 되돌아보면 바닥에서부터 꾸준히 단계를 높여 온 지금의 자신이 그려질 것이다. '과거의 나보다 이렇게 일을 잘 하고 있네. 그렇다면 이번 일도 잘 해낼 수 있을 거야'라고 긍정적으로 생각하게 될 것이다.

시간의 척도를 바꿔보는 것도 재미있는 사고실험이다. 예를 들어 지금 안고 있는 문제를 인류의 역사라는 척도로 생각해보자. 또는 우주의 역사라는 척도로 생각해보자. 그러면 작디작은 문제로 생각되지 않을까?

극단적이긴 하지만 100년이라는 단위로 쪼개서 생각해보는 것은 어떨까? 당장 오늘과 내일만을 생각하면 큰 문제로 보이는 것도 100년이라는 기간 속에서 바라보면 작은 문제로 생각될 것이다. 애초에 100년 뒤에는 당신과 나는 물론이고 우리 주변에 있는 사람들 대부분이 이 세상에 존재하지 않을 것이다. 때로는 이런 역동적인 사고를 하면 마음이 편해진다.

② 공간축을 바꿔보자

공간축을 바꾼다는 것은 현재 있는 곳과 다른 장소에 있는 자신을 상상해본다는 의미다. 현재 자기가 느끼는 것을 다른 회사

(가정, 학교, 단체 등)에 소속돼 있다고 하더라도 똑같이 느낄지 생각해보는 방법이다.

일이 힘들어서 지금 다니는 회사를 그만두고 싶다고 생각하는 사람은 회사를 그만뒀을 때의 생활을 상상해보는 것이 도움이 될 수 있다. 그때 자신은 어떤 기분일까?

지각을 자주 한다고 상사에게 혼이 나서 '10분 정도는 봐줄 수 있는 거 아니야? 이따위 회사 그만두면 되지'라고 생각했다고 하자. 그럴 때 지각해도 상관없을 것 같은 자영업을 하고 있는 자신을 떠올려보는 것이다. 과일가게나 생선가게의 주인이 되면 틀림없이 짜증 나는 상사는 없을 것이다. 가게를 조금 늦게 열더라도 손님에게 "미안합니다. 다른 일이 좀 있어서요"라고 말하면 너그러이 이해해줄 것이다. 가게가 한가할 때는 낮잠도 잘 수 있다. 그렇게 생각하면 천국처럼 생각될지도 모른다.

그러나 한편으로는 물건을 들여놓기 위해 아침 일찍 도매시장에도 가야 하고, 가게를 쉬면 그만큼 수입이 줄어든다. 가게 문을 늦게 여는 일이 잦아지면 손님도 줄어들 것이다. 한 가게의 주인으로서 짊어져야 하는 책임 또한 막대하다. 물론 실수를 했을 때 도와줄 상사도 없다. 직장인은 지각을 해도 월급을 받을 수 있지만, 사업을 하는데 일이 잘 안 풀리면 빚만 지고 망할 수도 있다. '그런 위험한 생활을 할 각오가 되어 있나?' 그렇게 생각하면 시간에 맞춰 출근하는 생활이 훨씬 편하게 느껴질지도 모른다.

공간축을 바꾼다는 점에서는 극단적이지만, '이 고민이 사막 한가운데 있어도 여전히 고민일까?'를 생각해보는 것도 재미있는 사고실험이 된다. 또 '아프리카 난민 캠프라면?', '심각한 재해를 입은 곳이라면?'과 같이 장소를 바꿔가며 생각해보자. 그러면 지금의 고민이 그리 대단한 것이 아님을 깨달을지도 모른다.

당신의 목소리가 들리는 듯하다. "고작 그렇게만 해도 바뀐다고?" 물론이다. 당신은 '고작'이라고 표현했지만 실제로 해보면 쉬운 일이 아님을 알게 될 것이다. 그래서 사람들이 고정관념에 사로잡히는 것이고 말이다. 하지만 평소에 이런 사고법을 의식하면 조금씩 유연한 뇌로 변해갈 것이다.

단정적으로 생각하는 사람들을 위한
네 가지 질문

고정관념은 스스로 깨닫기가 쉽지 않다. 자신은 깨닫지 못하기 때문에 고정관념이라고 하는지도 모르겠다. 이럴 때 누군가가 도와준다면 얼마나 좋겠는가.

그래서 준비했다. 비교적 간단하게 고정관념을 깨닫게 해주는 방법이다. 주위의 누군가가 고민하고 있다면 지적을 해줘도 좋고, 누군가에게 자신의 고정관념을 지적해달라고 부탁해도 좋다.

고정관념을 깨닫게 하는 네 가지 방법

① 말을 정의하게 한다

친구가 "나는 항상 운이 없어"라고 한숨 섞인 목소리로 말하거든 "항상이라면 날마다 운이 없었다는 말이야?"라고 물어보자. 그렇게 해서 '항상'이라는 말의 의미를 정의하게 하면 상대는 항상이라고 할 정도는 아님을 깨닫게 된다.

고정관념에 자주 사용되는 표현으로 '모두', '보통은', '당연히' 등이 있다. 이 말을 연발하는 상대에게는 "모두라면 누구 말이야?", "보통이라는 건 어떤 때를 말하는 거야?"라고 물어서 그 단어를 다시 생각하게 하자. 그러면 자신이 근거 없이 정의했음을 깨달을 것이다.

② 근거를 묻는다

"내게는 재능이 없어"라고 한탄하는 사람이 있거든 "누가 그렇게 정했는데?", "왜 그렇게 생각했어?"라고 근거를 물어보자. 대개는 스스로 그렇게 믿고 있을 뿐 대단한 근거가 있는 것은 아니다. 이 방법도 상대에게 고정관념을 깨닫게 하는 계기를 마련해줄 수 있다.

③ 비교한다

"왜 내 생활은 조금도 편해지지 않을까?"라는 부정적인 말을 하거든 "누구에 비해 그렇다고 생각하는 거야?", "지금 생활이 편하지 않다면 어떤 생활이 편하다고 생각해?"라는 질문을 던져보자.

"주위 사람들은 좋은 회사에 다니고, 좋은 집에서 살고 있어"라는 대답이 돌아오면 "좋은 회사에서 일하는 사람은 정말 삶이 편할까?"라고 또 묻자. "그러고 보니 날마다 야근을 해야 할 만큼 일이 많고 힘들다고 들었어. 경쟁도 심하고"라는 답변이 돌아올지도 모른다. 비교를 통해 자신의 생활도 그렇게 나쁘지 않음을 깨닫게 해주는 방법이다.

④ 예외를 제시한다

무엇인가에 도전할 때 나이 때문에 힘들 것 같다는 이유로 포기하는 사람이 많다. 그럴 때는 "다른 사람들도 그래?", "그렇지 않은 사람도 있지 않을까?"라고 물어봐 주면 좋다. 규칙이나 규정에 연령 제한이 있는 일이라면 어쩔 수 없지만, 이직이나 자격 취득, 결혼 등 나이 제한이 없는 일이라면 언제든 도전할 수 있다.

어떤 일이든 예외는 있다. 손녀와 함께 대학에 다니는 할머니도 있지 않은가. 자신도 그 예외가 될지도 모른다는 데 생각이 미치면 과감하게 실행할 수 있을 것이다.

이 네 가지 방법은 자주 사용하면 상대에게 심문받는다는 느낌을 주게 된다. 가볍게 한두 번 "왜 그렇게 생각해?"라고 묻고 "나한테는 이렇게 보이는데"라고 자신의 감상을 말하는 정도에서 멈추는 편이 좋다.

마음에도 공간 정리가 필요하다

사람에게는 명확하지 않은 감정이 있다.

'왠지 마음이 무겁다.'

'왠지 불안하다.'

'왠지 짜증이 난다.'

포커싱focusing은 그런 '왠지'를 찾아내는 방법으로, 미국의 심리학자 유진 젠들린Eugene Gendlin이 제창한 심리 요법 중 하나다. 말로는 잘 표현할 수 없지만 모호하게나마 몸이 느끼는 감각, 무엇인가 확실하지 않은 신체 감각을 '감각 느낌felt sense'이라고 부른다. 포커싱은 이처럼 말로 구체화되기 전의 감각에 초점을 맞춘다. 네 단계를 거치면 자기 몸이나 마음이 보내는 메시지를 찾아낼 수 있다.

그러면 포커싱의 순서를 살펴보자. 먼저 종이 한 장을 준비하자.

포커싱의 네 단계

1단계: 마음속에 공간을 만든다

일상에서 일어나는 문제는 한둘이 아니다. 일과 관련된 문제, 가족과 관련된 문제, 돈과 관련된 문제 등 여러 문제를 동시에 안고 살아가는 것이 보통이다. 그 하나하나는 작더라도 여러 문제가 얽히면 무엇부터 손을 대야 할지 알 수 없을 정도로 큰 문제가 된다. 그러므로 먼저 이것을 정리할 필요가 있다. 이 정리 프로세스는 '공간 정리clearing a space'라고 부르는데 마음속에 공간을 만들어서 감각 느낌을 쉽게 찾아낼 수 있게 하는 중요한 작업이다.

먼저 심호흡을 해서 어깨의 힘을 빼고, 지금 느끼고 있는 문제나 마음에 걸리는 문제의 리스트를 작성한다. 종이에 번호를 붙여가며 적으면 좋다. 이 단계에서는 해결책까지는 생각하지 않는다.

그런 다음, 머릿속으로 각각의 문제를 자신과 멀리 떨어진 장소에 둔다는 이미지를 그린다. 각각의 문제를 상자에 담거나 서랍속에 넣어둔다고 상상하면 작업이 쉬워진다.

그렇게 문제를 정리하면 마음속에 새로운 공간이 만들어진다. 문제와 거리를 두면 마음이 안정되고 불안함과 초조함도 줄어든다. 물건이 많아 어수선한 방에서는 작업에 집중할 수 없듯이, 지금 당장 필요 없는 물건은 창고나 서랍에 넣어두고 필요한 물건만 남기는 작업이다.

이처럼 복잡하게 얽힌 문제를 정리한 후 우선순위를 정한다.

2단계: 몸의 내부로 의식을 향한다

1단계에서 정리한 문제 중에서 가장 신경 쓰이는 문제를 고른다. 그 문제를 생각했을 때 몸이나 마음이 어떻게 변화하는지를 의식함으로써 감각 느낌을 찾는 것이 다음 단계다.

감각 느낌은 상당히 모호해서 쉽게 찾아지지 않을 것이다. 감각 느낌을 찾을 때는 의식을 몸의 중심부로 향하게 하는 것이 좋다. 머리, 목, 가슴, 배 주변을 의식하다 보면 특정 부위에서 부자연스러운 느낌을 받을 수도 있다. 무언가를 느꼈을 때는 '이게 어떤 느낌일까?'라고 자신에게 묻고, 표현이 떠오를 때까지 생각한다.

'가슴에 무거운 것이 느껴진다.'
'목구멍에 뭔가 걸리는 느낌이다.'
'숨쉬기가 힘들어지는 느낌이다.'

감각 느낌에 맞는 말을 '핸들handle(손잡이)'이라고 부르며, 딱 맞는 표현을 찾아내는 것을 '핸들을 잡는다'라고 표현한다.

3단계: 공명을 찾아낸다

감각 느낌과 핸들이 일치하는 것을 '공명共鳴'이라고 한다. 공명을 느끼기까지는 상당한 시간이 걸린다. 핸들을 찾았으면 정말로 감각 느낌과 일치하는지를 몸 내부에 묻고 확인한다.

'가슴에서 찜찜함이 느껴진다'라고 생각되면 정말로 그 표현과 감각 느낌이 일치하는지 확인해본다. 그 결과 찜찜함이라기보다는 무거운 것이 짓누르는 느낌이라는 생각이 들면, 다른 핸들을 찾아본다. 어쩌면 딱 맞는 핸들이 '길을 걷고 있는데 모르는 사람이 나에게 화를 내는 것 같은 느낌'처럼 하나의 영상으로 떠오를지도 모른다. 흔한 표현에 집착하지 말고 자신만의 느낌을 찾으면 된다.

이런 식으로 감각 느낌과 핸들이 공명할 때까지 '이건 뭘까?', '이 문제는 어떤 느낌일까?'라고 몇 번이고 질문을 던진다.

4단계: 느낌 전환을 일으킨다

감각 느낌과 딱 맞는 핸들을 찾아내서 의미가 명확해지면 신체적으로 안도감과 해방감을 느낄 수 있다. 이것은 몸이 느끼는 감각과 자신이 찾아낸 표현이 정확하게 일치한 결과로, 부자연스러움이 사라졌기 때문이다. 이것을 '느낌 전환felt shift'이라고 부른다.

그 감각이 강할 때는 깨달음의 순간으로, '아, 그렇구나 체험'이라고도 한다.

느낌 전환을 끌어내기 위해서는 감각 느낌을 맛보는 과정이 필요하다.

'이 감각 느낌이 있다면 어떻게 생각해?'
'이 감각 느낌과 함께 있어도 괜찮아?'
'모든 게 괜찮아진다면 어떤 느낌일까?'

이때, 친구와 대화하듯이 차분하게 마음의 소리를 듣는다는 마음으로 임해야 한다.

중요한 것은 '받아들인다'라는 자세다. 어떤 마음의 소리가 들리더라도 환영하는 것이다. 마음속에는 좋은 부분도 있지만 때로는 보고 싶지 않은 부분도 있다. 양쪽 모두를 인정하고 존중해야하며, 자기비판이나 분석이 아니라 떠오른 감정을 그대로 받아들이는 것이 중요하다.

느낌 전환에 성공해 포커싱을 마치고 싶을 때는 끝내도 좋은지 자기 몸에 물어본다.

포커싱의 순서

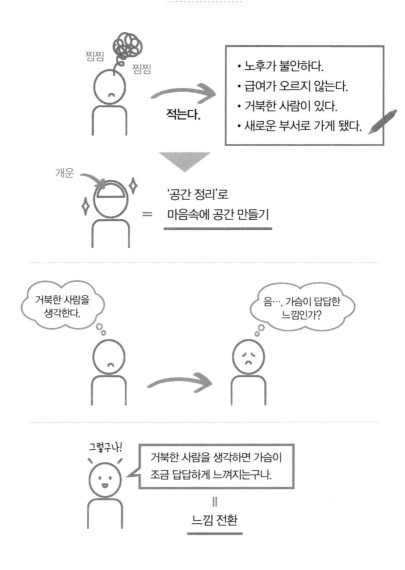

처음에는 포커싱이 제대로 되지 않을 수도 있지만 마음을 편하게 먹고 해보기 바란다. 그리고 다음과 같은 행동은 포커싱을 방해하므로 주의할 필요가 있다.

- **자신을 비판하기**: 자신의 마음속에 비판적인 목소리가 있다는 것을 '인정'하는 것이 중요하다.
- **의심하기**: 감각 느낌이 올바른지 분석하거나 속단해서는 안 된다.
- **서두르기**: 감각 느낌이 잘 찾아지지 않는다며 초조해하거나 짜증을 내면 더욱 찾기 힘들어진다.
- **두려워하기**: 지금까지 외면했던 자신의 감정과 마주하는 것이므로 두려움이 있을지 모른다. 그럴 때는 무엇이 두려운지 느껴보자.
- **선택을 강요하기**: 포커싱 과정에서 '나의 진짜 기분을 알고 싶다', '알고 싶지 않다'와 같이 상반된 생각이 떠올랐을 때는 억지로 어느 한쪽을 선택하지 않고 양쪽을 그대로 둔다.

포커싱은 자신의 기분을 컨트롤하는 방법이 아니라 마음 깊은 곳에 잠들어 있는 진짜 기분을 느끼는 방법이다.

새로운 부서로 이동하게 되어서 의욕이 충만한 당신. 의욕이 넘치는 한편 왠지 모를 권태감이 느껴지는 것은 마음 어딘가에서 '잘해야만 해'라는 압박감을 느끼고 있기 때문일 수도 있다. 또는 생각만큼 일이 즐겁지 않음을 인정하고 싶지 않아서 억지로 보람 있는 일이라고 생각하기 때문일 수도 있다. 이런 사실을 느끼는 것만으로도 마음이 편해질 수 있다. 거기에서 '이렇게 하자'라는 해결책을 끌어내지 못한다고 해도 마음속의 자신이 보내는 메시지는 알아챌 수 있을 것이다.

이 장에서는 좋지 않은 감정이나 고정관념이 고개를 들었을 때 당신이 취할 수 있는 대처법을 소개했다.

고정관념은 깨닫기가 쉽지 않다. 그러므로 고정관념이라는 사실을 깨닫는 것만으로도 큰 효과가 있다. 누구나 한 번쯤은 악몽을 꾸며 가위에 눌려본 적이 있을 것이다. 그럴 때 '이건 꿈이야'라고 생각하면 그것이 설령 악몽이라고 해도 가위에 눌리는 일은 없어질 것이다.

부정적인 사고에 사로잡혔을 때는 반드시 그 기저에 어떤 고정관념이 숨어 있음을 알아차려야 한다. 이를 깨닫고 자각하는 것 자체가 고정관념에 대처하는 방법이다.

제5장

부정적인 감정은
유연하게 흘려보낸다

'이 세상은 싫은 일투성이다'라고 생각하든
'이 세상은 좋은 일로 가득하다'라고 생각하든,
그 사람에게는 그것이 진실이다. 요컨대 **어디에 초점을**
맞추느냐에 따라 인생이 달라진다.

인생을 대하는 이상적인 자세

　이 장에서는 고정관념을 좀 더 근본적으로 치료하는 방법을 소개한다. 나쁜 고정관념을 가지기 쉬운 사람은 그런 사고를 하는 체질이라고 할 수 있다. 그런 고정관념 체질을 근본부터 치료할 때 큰 힌트가 되는 것이 태도다. 애초에 인생을 대하는 태도를 바꾸지 않으면 진정으로 고정관념에서 벗어나기 어렵다. 따라서 고정관념 체질을 개선하려면 먼저 태도를 바꿔야 한다.

　제1장에서는 금지령이나 드라이버가 인생의 태도를 만든다고 설명했다. '나는 NG, 너는 OK'의 경향이 있는 사람은 자신감 없는 성격이 되기 쉽고, '나는 OK, 너는 NG'의 경향이 있는 사람은 오만한 성격이 되기 쉽다. '나도 NG, 너도 NG'라면 인생에 대한 희망을 품기가 어려워진다. 인생을 대하는 태도의 이상적인 방향은 두

말할 필요도 없이 '나도 OK, 너도 OK'다. 이 태도를 가지고 있으면 앞으로 어떤 일이 일어나든 좋은 방향으로 해석할 수 있다. 그러므로 태도를 수정하는 것은 인생을 긍정적으로 파악하는 데 매우 중요하다.

태도를 수정할 때는 '긍정적인 스트로크positive stroke'가 중요하다. 사람은 본래 애정이나 승인을 갈구한다. 자멸 게임이나 공격 게임을 하는 사람은 다른 사람의 인정을 얻기 위해 어쩔 수 없이 그런 행동을 하는 것일 뿐 본심은 "대단하다", "잘했어", "그 정도면 충분해"라는 말을 듣고 싶어 한다. 교류분석에서는 상대의 이런 애정 어린 말 또는 태도나 동작을 '긍정적 스트로크'라고 부른다.

사람은 긍정적 스트로크를 갈구한다. 마음속에 모아둔 긍정적 스트로크가 줄어들고 부정적 스트로크(비난이나 무시 등)가 늘어나면, 어떻게든 긍정적 스트로크를 얻어서 균형을 잡으려 한다. 그런데 긍정적 스트로크를 받지 못할 때는 원하지 않는 게임을 반복한다. 긍정적 스트로크를 얻지 못할 바에야 부정적 스트로크라도 얻으려는 것이다. 부정적인 것이라도 무시당하는 것보다는 낫다고 생각하기 때문이다.

이상적인 것은 긍정적 스트로크를 통한 교류다. 상대를 인정하고 자신도 인정받기, 혹은 상대를 칭찬하고 자신도 칭찬받기와 같은 커뮤니케이션을 통해 긍정적 스트로크가 충족되면 인생에 대한 태도가 '나도 OK, 너도 OK'에 가까워진다.

스트로크란 무엇일까?

스트로크에는 '쓰다듬다', '어루만지다'라는 의미가 있다. 심리학에서는 이런 신체적인 의미와 함께 칭찬을 하거나 받아들이는 행위와 같이 상대의 존재 또는 가치를 인정하는 심리적 자극을 의미하기도 한다.

① 스킨십을 통한 스트로크

악수하기, 쓰다듬기, 어깨를 가볍게 두드려주기, 끌어안기와 같은 형태로 이루어진다. 키스나 섹스 등의 성행위도 스트로크라고 할 수 있다.

② 말로 하는 스트로크

인사를 하거나 말을 걸어서 그 존재를 인정하고 받아들이는 것 또는 칭찬하거나 격려하는 것이 말로 하는 스트로크다.

"안녕하세요"와 같은 간단한 인사에도 '당신이 그곳에 있다는 것을 알고 있습니다', '당신은 소중한 존재입니다'라는 의미를 담을 수 있으므로 효과적이다.

③ 태도에 의한 스트로크

신체적 접촉이나 말을 사용하지 않고 눈빛이나 끄덕임 등으로 상대의 존재를 인정하는 방법도 있다. 시선을 맞춰 동의를 표시하거나 아무 말 없이 상대의 이야기에 가만히 귀를 기울여주는 것도 충분한 스트로크다.

그렇다면 이런 스트로크를 어떻게 다뤄야 할까? 간단히 말해, 긍정적 스트로크를 늘리면 된다. 자신이 인정받고 상대를 인정하는 말을 늘려가는 것이다. 지금부터 그 방법을 구체적으로 소개한다.

긍정적 스트로크 늘리기

① 먼저 상대에게 긍정적 스트로크를 준다

집이라면 배우자 · 자녀 · 부모님에게, 회사라면 상사 · 동료 · 부하 직원에게 긍정적인 스트로크를 줄 수 있는지 생각해보자.

집에서는 아내에게 "오늘 날씨가 따뜻하네", "그 옷 잘 어울리는데?", "음식이 맛있어"라고 말해보자. 회사에서는 상사나 동료가 마음에 들지 않더라도 무시하지 말고, 출근할 때 "좋은 아침입니다"라고 인사해보자. 또 지시를 받으면 밝은 목소리로 대답하자.

군이 말로 하지 않아도 된다. 아이와 함께 놀아주거나, 부하 직원의 이야기를 들어주거나, 배우자와 가볍게 포옹을 하는 것도 좋다.

② 다른 사람에게 긍정적 스트로크를 요구한다

칭찬받고 싶다면 칭찬해달라고 알려야 한다. 인정받고 싶다면 인정받고 싶다고 알려야 한다. 그런 행동을 하는 것은 부끄러운 일이며 한심하다고 생각할지도 모른다. 그러나 직접적인 표현이 아니어도 된다. 상대가 칭찬하고 싶어지도록, 인정하고 싶어지도록 유도하면 된다.

'요구했는데 거절당하면 어떡하지?'라며 두려워하는 것도 어렸을 때 익힌 습성이다. 거절당하는 것이 두렵다는 고정관념을 가지고 있는 것이다. 현명하고 즐겁게 긍정적 스트로크를 요구하는 방법을 생각해보자.

회사에서 좋은 성과를 냈다면 아내에게 슬쩍 "이런 프로젝트를 맡아서 예상보다 더 많은 매출을 올렸어"라고 말해보는 건 어떨까? 남편의 무관심이 서운한 아내라면 "요리 맛있어?"라든가 "조금만 있으면 우리 결혼기념일이네"라고 말해보는 것은 어떨까? 긍정적 스트로크를 유발하는 행동을 해보자.

상대에게 긍정적인 스트로크를 받지 못했다면 스스로 긍정적 스트로크를 주는 것도 좋은 방법이다. 자신의 좋은 점, 성공했던 경험, 긍정적인 일을 거울 속의 자신에게 들려준다. 그때 마음속으로 '아니, 그 정도는 아니야'라고 부정해서는 안 된다. 자신에게 하는 칭찬을 기분 좋게 받아들이자. 다른 사람에게 긍정적 스트로 크를 주기만 할 뿐 정작 자신은 받지 않는 것도 정신적으로 좋지 않다. 아무리 해도 받지 못할 때는 이렇게 자기 스스로 긍정적 스트로크를 주자.

③ 긍정적 스트로크는 받지만 부정적 스트로크는 거부한다

"대단하시네요!"라고 칭찬받으면 "아니에요. 별거 아니에요"라고 말하지 않는가? "그 옷 멋지네요!"라고 칭찬받으면 "아닙니다. 이거 싸구려예요"라고 대답하지 않는가? "운이 좋았을 뿐입니다", "어떻게 하다 보니 그렇게 됐습니다", "대단한 일도 아닌데요" 같은 겸손이나 비하의 말은 흔히 미덕처럼 여겨지지만, 이런 말을 계속하면 긍정적 스트로크가 점점 줄어든다.

먼저 당신에게 긍정적 스트로크를 받아들이지 않는 나쁜 습관이 있음을 깨달아야 한다. 누군가가 칭찬을 해주면 순순히 "고맙습니다", "칭찬해주시니 기쁩니다", "그렇게 말씀해주시니 힘이 납니다"라고 받아들이고 좋은 기분이 되게 하자. 이것이 중요하다.

한편으로 어떤 말을 듣고 기분이 상했던 적이 있을 것이다. "자네는 상식이 부족하군", "어쩜 그렇게 센스가 없어?", "어차피 못할 것 같은데?"라는 부정적 스트로크는 냉정하게 받아들여야 한다. 감정적으로 흐르지 말고 조용히 사실을 관찰한다. 그리고 객관적

긍정적 스트로크

1 타인에게 준다.

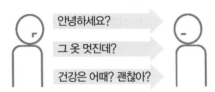

안녕하세요?

그 옷 멋진데?

건강은 어때? 괜찮아?

2 타인에게 요구한다.

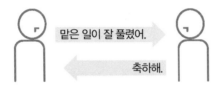

맡은 일이 잘 풀렸어.

축하해.

3 긍정적 스트로크는 받고 부정적 스트로크는 거부한다.

대단해.

고마워.

센스가 없네.

그래? 괜찮아.

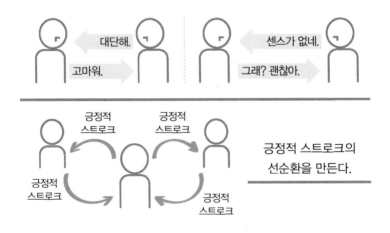

긍정적
스트로크

긍정적
스트로크

긍정적
스트로크

긍정적
스트로크

긍정적 스트로크의
선순환을 만든다.

으로 말한다. 예를 들어 "당신은 그렇게 생각하는군요", "그렇군요. 그렇다면 무엇이 문제라고 생각하시나요?"처럼 반응하면 된다.

부정적 스트로크가 왔다고 해서 무작정 '게임'을 시작해서는 안 된다. 감정에 휩쓸리지 말고 객관적으로 사실을 바라보는 것이 중요하다.

이상과 같은 방법으로 긍정적 스트로크를 저축하다 보면 '나도 OK, 너도 OK'라는 태도가 만들어진다. 이런 태도가 만들어지면 모든 사고의 왜곡이 교정될 것이다.

부정적 스트로크가 오면 부정적 스트로크로 돌려주기 쉽다. 그러나 이런 교류는 또 다른 부정적 스트로크를 부르는 악순환을 초래한다. 반대로 긍정적 스트로크는 긍정적 스트로크를 불러온다. 이렇게 긍정적 스트로크가 계속 늘어난다.

주위에서 부정적 스트로크가 눈에 띄기 시작했다면 주의할 필요가 있다. 먼저 간단한 인사라도 좋으니 당신이 먼저 긍정적 스트로크를 주자.

조건 없는 스트로크가 중요하다

상대에게 스트로크를 줄 때나 받을 때, 다음과 같은 표현은 주의하기 바란다.

- 당신이 잘생겨서 좋아해.
- 열심히 일해서 좋게 보고 있어.
- 요즘 같은 때 지시받은 대로 행동하는 사람은 별로 없지. 훌륭해.

이렇게 어떤 조건을 만족했을 때만 받을 수 있는 스트로크는 주의할 필요가 있다. 조건부 스트로크는 교육이나 훈육할 때 많이 사용된다. 그러나 조건부 스트로크만 계속 받다 보면 '나는 진짜 스트로크를 받기에는 부족한 사람이야'라고 느끼게 된다. 그러면 항상 다른 사람의 판단이 기준이 되어 바람직한 자기 모습을 찾지 못한다.

바람직한 것은 조건 없이 주어지는 긍정적 스트로크다.

- 너는 살아 있는 것만으로도 가치가 있어.
- 네가 있다는 것만으로도 나는 행복해.
- 키가 크든 작든 학력이 높든 낮든 나는 너를 사랑해.

조건 없는 스트로크를 주는 것은 쉽지 않은 일이다. 어느 정도의 조건을 붙이는 것이 어쩔 수 없는 측면도 있다. 그러나 조건 없는 긍정적 스트로크를 주고받으면 심리적으로 매우 강렬한 인상을 남기기 때문에 효과가 더 좋다.

몸을 조정하면 마음이 바뀐다

　죽기 살기로 공부해서 모의고사에서는 항상 합격권이었는데, 정작 수능시험에서는 긴장해서 시험을 망치고 결국 원하는 대학에 들어가지 못한 사람, 취업 면접 예행연습에서는 막힘없이 대답을 잘했는데 막상 면접장에 가면 머릿속이 하얘지는 사람. 이렇듯 '왠지 모르게 실전에 약한 사람'은 고정관념이 원인일지도 모른다.

　고정관념은 '몸이 기억하는' 경우가 많다. 혹시 과거에 그와 비슷한 경험을 한 적은 없는가? 일테면 어렸을 때 학부모 참관 수업에서 선생님이 한 질문에 대답을 못 했다거나 학예회에서 대사를 잊어버려 당황했던 일이 있을지도 모른다. 이런 경험을 하면 '결정적인 순간에 실수한다'라고 몸이 믿어버린다. 기억에서는 잊어버렸어도 몸이 그때의 감각을 기억하는 것이다. 그러면 그런 일이 또 일어날지도 모른다는 불안감에 빠져 똑같은 상황이 되면 무의식중에 긴장하게 되고, 몸이 반응해버리는 것이다. 그리고 최악의 결과를 맞이하게 된다.

이런 악순환을 끊는 방법이 있다. 몸이 기억하는 고정관념은 몸을 써서 벗어나는 것이 최선이다. 마음으로 몸을 조종하는 것이 아니라 몸을 조종해서 마음을 바꾸는 방법이다. 몸의 감각을 더욱 중시해 고정관념 체질을 바꾸는 세 가지 습관을 소개하겠다.

고정관념을 다스리는 세 가지 습관

① 자세를 바꾼다

자세를 바꾸기만 해도 마음의 상태를 바꿀 수 있다. 설마 그럴 리가 있겠느냐고 생각할지도 모르지만, 자세는 마음을 반영한다. 의기소침한 사람의 자세는 어깨가 내려가 있고 고개가 아래로 향한다. 반대로 기운이 넘치는 사람은 가슴을 펴고 반듯하게 서 있다. 다시 말해, 자세가 바른 사람은 마음의 상태가 좋고 긍정적인 의식을 가지고 있다. 이를 역으로 이용해 자세를 바로잡음으로써 마음이 상태가 좋다고 착각하게 하는 것이다.

먼저 발바닥을 지면에 딱 붙이고 허리에 힘을 준 상태에서 불필요한 힘은 빼고 반듯하게 서보자.

다음으로 양쪽 어깨를 아래로 누르면(근육으로 내리누른다는 느낌) 발바닥까지 힘이 전달되어 발바닥이 지면을 더 세게 누르는 느낌을 받게 된다. 그리고 몸의 중심에 하나의 축이 지나가는 감각이 느껴질 것이다.

전신 거울이 있는 사람은 거울을 보면서 해보기 바란다. 이때 머릿속에 떠올리는 이미지는 '묵직한 자세'다. 무게중심을 낮추면 불필요한 힘도 빠지고 몸도 편안한 상태가 된다. 평소에 무심코 움직이는 몸을 자신의 의지로 컨트롤하는 동작이다.

예를 들어 긴장하면 발밑이 들썩들썩하고 내 몸이 내 몸이 아닌 것 같다는 느낌을 받는데, 이 자세를 취하면 몸의 감각을 되찾을 수 있다. 차분하지 않은 상태를 '발이 허방을 디딘다'라고 표현하듯이, 차분하지 못할 때는 몸의 무게중심이 위쪽에 있다. 그러므로 무게중심을 아래로 내려서 발이 땅에 닿게 하면 안정을 찾을 수 있다. 이 자세를 의식적으로 하면 빠르게 긍정적인 기분이 될 것이다.

기분이 가라앉았을 때나 긴장해서 차분하게 있지 못할 때는 이 묵직한 자세를 꼭 해보기 바란다.

② 호흡을 바꾼다

호흡은 자세와 항상 한 세트라고 생각하자. 자세를 바르게 하고 그 자세를 유지하기 위해서는 호흡이 매우 중요하다. 그렇다고 어려운 호흡법을 배울 필요는 없다. 중요한 것은 '심호흡'이다. 깊게 들이마셨다가 천천히 내쉰다. 이거면 충분하다.

심박수는 호흡에 따라 변하기 때문에 깊게 들이마셨다가 천천히 내쉬기만 해도 심박수는 떨어진다. 즉, 몸의 긴장 상태가 풀린다. 몸이 움츠러든 사람은 호흡이 얕아진다. 그래서 더욱 긴장하게 된다. 한편 깊게 호흡하면 가슴이 펴지고 등도 곧게 선다. 등이 굽으면 호흡이 얕아지고 목과 어깨가 뭉친다. 혈액순환이 나빠지고 집중력도 떨어진다. 자세가 나쁘고 호흡이 얕은 사람은 스스로 스트레스를 받기 쉬운 몸을 만들고 있는 것과 마찬가지다.

일이 잘 안 풀리거나 기분이 좋지 않을 때일수록 자세와 호흡이 한 세트임을 꼭 기억하기 바란다.

③ 표정을 바꾼다

'안색을 살핀다'라는 말이 있듯이, 사람의 표정에서는 그 사람의 마음이 엿보인다. 전문적인 지식이 없어도 기분이 얼굴에 드러난다는 것 정도는 누구나 안다. 기분이 얼굴에 드러난다면, 그 순서를 반대로 바꿔서 얼굴이 기분을 만들 수도 있지 않을까?

많은 청중 앞에서 강연하는 사람을 보면 자신감에 찬 얼굴을 하고 있는데, 그런 사람들도 사실은 그런 표정을 만들기 위해 트레이닝을 한다. 자신감으로 가득한 표정을 짓는 사이에 자신감이 솟아나는 것이다.

　그렇다면 자신감으로 가득한 표정이란 무엇일까? 미소를 잃지 않는 표정이 아닐까? 힘들 때일수록 유머를 잃지 말아야 한다고 흔히 이야기하는데, 지극히 옳은 말이며 합리적인 생각이다. 사람은 긴장하면 할수록 일을 제대로 해내지 못한다. 그럴 때 재미있는 생각을 떠올려서 웃을 수 있는 여유를 가지면 몸은 어느덧 그것을 기억한다. 그러면 넘기 어려운 벽이나 힘든 일에 부닥치더라도 자연스럽게 얼굴에 웃음이 떠오르고 마음이 편해진다.

　거울을 봤을 때 어두운 표정을 한 자기 얼굴을 보면 '나는 왜 이렇게 어두운 표정을 짓고 있는 걸까?'라는 생각이 들면서 더욱 부정적인 기분이 된다. 반면 웃음 띤 표정을 보면 '아직 꽤 여유가 있네'라는 생각이 들면서 긍정적인 자기 암시가 걸리게 된다.

　웃는 얼굴과 웃음이 몸과 마음 모두에 좋은 효과가 있다는 사실은 의학적으로도 증명됐다. 억지웃음이라도 심리적 효과가 있음이 실험을 통해 밝혀졌다. 처음에는 억지웃음이라도 상관없다. 입꼬리를 올리고 의식적으로 밝은 표정을 만들다 보면 몸이 그것을 기억하고, 웃는 얼굴이 되면 자연스럽게 기분이 좋아진다.

손으로 쓰고, 입으로 말하면
달라지는 것들

'오늘도 상사에게 혼이 났다. 내일은 또 무슨 일로 혼이 날까?'

'새 부서로 이동한 뒤 일이 전혀 익숙해지지 않는다. 어떻게 하면 좋을까?'

'클라이언트가 말도 안 되는 요구를 하는 바람에 위염이 도진 것 같다.'

이렇게 매일 불안함과 압박감에 시달리는 사람도 적지 않을 것이다. 그런 정신 상태로는 무슨 일을 하든 불안하게 느껴져서 점점 더 부정적인 생각을 하게 된다.

이런 사람에게는 '좋은 일 노트'를 추천한다. 그날 있었던 '좋은 일'을 노트에 적는 것으로, 부정적인 고정관념을 긍정적인 고정관넘으로 바꾸는 방법이다.

좋은 일 노트에는 다음과 같은 세 가지 항목을 적는다.

좋은 일 노트 쓰기

① 오늘 무엇을 했는지 적는다

이때 최대한 '좋은 일'을 적는 것이 포인트다. 부정적인 사고인 상태면 좋은 일을 찾기가 힘들겠지만, '오늘 마감이었던 자료를 예정대로 완성할 수 있었다'도 좋고, '거래처와 약속을 잡는 데 성공했다'도 좋다. 무엇이든 상관없다. '점심이 맛있었다', '동료와 취미에 대해 재미있는 얘기를 나눴다', '길가에 핀 꽃이 예뻤다'와 같은 사적인 일도 좋으니 일단 적어보자.

단, 여기에 타인의 평가는 절대 넣지 않는 것이 원칙이다. '상사에게 완성도가 떨어진다는 말을 들었다'와 같은 부정적인 측면은 배제하고 '마감을 지켰다'라는 긍정적인 측면에 초점을 맞춘다.

② 즐거움의 정도를 수치화한다

앞에서 적은 것이 어느 정도 즐거웠는지 점수 또는 백분율로 수치화한다. 수치화하면 매사를 막연하게 어림잡는 습관을 없앨 수 있고, 더 즐거운 일을 찾아내는 방법을 익힐 수 있다. 예를 들면 다음과 같이 수치화한다.

- 오늘 마감이었던 자료를 예정대로 완성했다. → 70점
- 거래처와 약속을 잡는 데 성공했다. → 50점
- 길가에 핀 꽃이 예뻤다. → 100점

③ 반성할 점을 적는다

반성할 점이라고 해서 잘못한 일을 되돌아보라는 것이 아니다. 즐거움의 정도를 높이기 위해서 어떻게 개선해야 할지를 생각해 보는 것이다.

- 예정대로 자료를 완성할 수 있었던 것은 기분 좋은 일이지만, 조금 부족했던 것 같다. 다음에는 완성도를 높일 수 있도록 노력하자.
- 몇 번이고 거절당했던 거래처인데 오늘 약속을 잡는 데 성공한 것은 기쁘지만, 조금 억지스럽게 밀어붙인 것 같다. 만나면 사과부터 하자.

이런 순서로 적어가면 마지막에는 '~하자'라는 긍정적인 의식이 된다.

이처럼 '좋은 일 찾기'를 하다 보면 의식이 자연스럽게 긍정적인 방향으로 향하게 된다. 매번 똑같은 악순환에 빠지는 이유는 나쁜 점에만 시선이 가기 때문이다. '병은 마음에서 온다'라는 말

이 있듯이 일을 잘하거나 못하는 것 역시 마음, 즉 부정적인 고정 관념에 좌우된다.

일을 잘하는 사람은 기본적으로 긍정적인 사고를 한다. 같은 일이라고 해도 좋은 부분에 초점을 맞춰서 보는 습관이 있기 때문이다. 상사에게 쓴소리를 들었어도 '그래도 자료는 예정대로 완성했잖아? 다음에 더 완성도 있게 하면 되지 뭐!'라고 좋은 쪽으로 해석한다. 좋은 일 노트를 계속 쓰면 자연스럽게 이런 긍정적인 사고가 자리 잡게 될 것이다.

'이 세상은 싫은 일투성이다'라고 생각하든 '이 세상은 좋은 일로 가득하다'라고 생각하든, 그 사람에게는 그것이 진실이다. 요컨대 어디에 초점을 맞추느냐에 따라 인생이 달라진다.

말버릇 바꾸기

'어차피 나는 OO이니까', '그렇지만', '하지만'이라는 말버릇을 가지고 있지는 않은가? 예를 들어 누군가와 이야기를 나누거나 혼자서 어떤 문제를 마주하고 있을 때 다음처럼 말하는 습관이 있지 않은가?

"그렇지만 그게 당신 말처럼 쉬운 게 아니야."

"하지만 그렇게 하면 상사가 화를 낼 거야. 어쩔 수 없어."

'하지만', '그렇지만'이 자연스럽게 나온다면 부정적 사고에 지배당하고 있는 상태다. 그러면 긍정적인 일을 마주했을 때도 '안 돼, 위험해'라는 고정관념에 사로잡히게 된다.

뉴욕에서 정신과 병원을 운영하는 워런 벌랜드Warren Berland라는 의사는 수많은 환자를 진찰하는 과정에서 특이점을 발견했다. 목표를 달성하는 사람과 달성하지 못하는 사람들에게는 각각 몇 가지 공통점이 있더라는 것이다. 예컨대 자기실현을 하지 못하는 사람들은 대체로 그것을 방해하는 사고방식을 가지고 있었다.

- 속박된 상태에서 빠져나오는 것은 무리다. 노력해도 소용없다.
- 나를 바꾸는 일은 불가능하다.
- 막다른 길에 몰린 상태가 바로 현실이다.
- 탈출하는 방법 같은 것은 허울 좋은 소리일 뿐 도움이 되지 않는다.
- 나 혼자서는 아무것도 할 수 없다. 누군가의 도움이 필요하다.
- 내가 안고 있는 문제는 너무 어려워서 이 방법으로는 해결할 수 없다. 나는 아무것도 할 수 없는 구제 불능이다.

이 문장들은 앞에 모두 '어차피', '하지만', '그렇지만'을 넣을 수 있다는 사실을 눈치챘는가? 이 말들은 부정적인 생각을 떠올리게 하는 금지어다. 벌랜드는 이런 생각을 '개인의 에고Ego'라고 불렀다. 그리고 이런 에고가 사람들의 마음을 속박해 부정적인 생각에서 빠져나오지 못하게 한다고 주장했다.

그러므로 '하지만', '그렇지만'과 같은 부정적인 말버릇을 봉인해야 한다. '하지만', '그렇지만', '어차피'와 같은 말은 사고의 포기를 의미한다. 예를 들어 상사가 실수를 지적하자 "하지만 그건"이라고 반론했다고 하자. 이는 반론할 거리가 있으므로 자신은 잘못하지 않았다는 부분에서 생각이 멈춰버렸음을 드러낸다. "어차피 나에게는 무리야"에서 '어차피'라는 생각 역시 아무런 확증도 없으면서 그 이상 생각하기를 포기한 것이다. 생각하는 것을 그만두면 자동사고가 발동해서 점점 더 강한 고정관념에 빠지게 된다.

'하지만'이나 '그렇지만'은 부정적 사고를 끌어당기는 성질이 있다. 상사의 질책에 '하지만'이라고 반론했을 때 모든 상사가 "그렇군. 알겠네"라고 이해해주지는 않는다. 상사의 의견을 부정했으니 오히려 더 큰 화를 부르기 십상이다. 그러면 부하 직원은 이내 '어차피 상사는 내 말을 들어주지 않아'라며 '어차피'까지 끌어당기고 만다. 고정관념에서 벗어나려면 '하지만'이나 '그렇지만'을 의식적으로 금지해야 한다.

말버릇도 사람의 성격에 영향을 미친다. '하지만', '그렇지만', '어차피'와 같은 말을 입에 달고 살던 사람이라도 평소에 쓰지 않도록 주의하면, 뇌가 점차 익숙해져서 부정적인 말을 하지 않게 되고 자연스럽게 긍정적인 사고를 하게 된다. 그리고 큰 문제에 맞닥뜨려도 '하지만', '그렇지만'이라는 말을 하지 않게 되어 고정 관념에 사로잡히는 일 없이 문제를 해결할 수 있다.

　말은 사고를 지배한다. 고작해야 말버릇일 뿐이라고 가볍게 생각해서는 안 된다. "미안합니다"가 말버릇이 된 사람도 주의해야 한다. 사과만 하는 사람은 '나는 NG, 너는 OK'라는 태도를 가지고 있다. 계속해서 "미안합니다"를 반복하는 사이에 자신감이 점점 사라져서 적극적으로 행동하지 못하게 된다. 그러니 되도록 "고맙습니다"로 바꿔 말하자. "저희 회사까지 직접 오시게 해서 죄송합니다"가 아니라 "저희 회사까지 직접 와주셔서 고맙습니다"라고 해보자. "아이를 돌봐주시느라 고생하셨습니다. 죄송합니다"가 아니라 "아이를 돌봐주셔서 고맙습니다"라고 말하자. 그러면 '나도 OK, 너도 OK'의 태도가 되어 부정적인 감정이 생기지 않는다.

내 감정을 조절할 수 있을까

'저 인간은 용서할 수 없어!', '생각할수록 열받네!'라는 분노의 감정. '이젠 틀렸어', '아무것도 하고 싶지 않아'라는 탄식의 감정. 이런 감정을 컨트롤할 수 있을까? 감정에 대해서 이야기해볼까 한다.

분노를 어떻게 컨트롤할 것인가를 주제로 한 책을 종종 볼 수 있는데, 겉으로 드러난 감정은 쉽게 조절되지 않을 뿐 아니라 크게 의미도 없다. 감정은 배설물과 같다. 따라서 드러난 감정을 컨트롤하기보다는 근원에 있는 고정관념을 밝혀내서 버리거나 수정해야 한다. 그래야 감정이 변할 수 있다.

'열받는다', '분하다', '이제 틀렸다', '하고 싶지 않다'와 같은 부정적 감정에는 반드시 그런 감정을 유발하는 고정관념, 즉 불합리한 신념이 숨어 있다. 먼저 그것을 밝혀내야 한다(제3장에서 소개한 차트 분석법 참조).

어떤 감정에 사로잡혔을 때 곧바로 공격하거나 패닉에 빠져서는 안 된다. 즉시 반응하지 말고 숫자를 세거나 심호흡을 하면서 잠시 시간을 두는 게 좋다. 그런 다음 그것이 어떤 감정인지를 객관적으로 파악해야 한다. 그러면서 그 감정을 유발한 자신만의 사고, 판단 패턴을 자각하는 것이 중요하다.

또 한 가지 중요한 점은 부정적인 감정이라도 '그 감정이 끓어올랐다는 사실'을 그대로 인정해야 한다는 것이다. '내가 이런 감정을 가질 리 없어!'라고 자신을 억압해서는 안 된다. 자기 몸에서 나오는 감정 신호를 잘 관찰하고 기억해두자. 그러면서 '또 편협한 고정관념에 사로잡혔구나'라는 자각을 통해 좀 더 넓은 관점으로 전환하도록 노력하면 된다.

예를 들어 업무 약속에 상대가 지각한 것도 모자라 사과조차 하지 않았다고 하자. 당신은 화가 머리끝까지 나서 소리치고 싶어질 것이다. 그러나 화를 내봐도 당신의 감정만 소모될 뿐이다. 일단 심호흡을 한다. 그리고 '지금 나는 분노를 느꼈다. 그 분노의 근원에는 무엇이 있을까?'를 생각해본다.

부정적인 감정의 이면에는 '상대의 행동은 이래야 한다'라는 고정관념이 있다. 이 경우에는 '지각하지 않고 약속을 지킨다', '지각을 했으면 사과한다'일 것이다. 그 기대가 배신당했을 때 반사적으로 상대를 '무례한 놈'이라고 생각한다. 이렇게 분석할 수 있다면 냉정하게 대처하기도 훨씬 수월하다. 감정을 얹지 않고 "약속에 늦으시면 곤란합니다"라는 메시지를 전달하면 된다.

분노의 근원에는 승패에 대한 집착을 유발하는 고정관념도 있을 수 있다. '나는 약속 시간을 지켰는데 상대는 지각했다는 것은 나를 중요하게 생각하지 않는다는 의미다'라는 고정관념이다. 이것은 불필요한 자존심이다. 그런 감정은 스트레스만 키울 뿐 좋은 점이라고는 하나도 없다. 불필요한 자존심 때문에 더 가치 있는 것을 버리게 될 위험성이 있음을 자각하면 된다.

중요한 것은 '나도 OK, 너도 OK'라는 태도다. 타인에게 공감하면서도 의존은 하지 않는 자기긍정감이 있으면 불필요한 감정에 휘둘리지 않는다.

고민은 왜 생길까

이 장의 마무리로, 고민이 생기는 메커니즘과 대처법을 살펴보자. 고민은 자신이 바라는 모습이 되지 못하거나 하고 싶은 일을 하지 못할 때 생겨난다. 건강하고 싶은데 건강하지 않다, 살을 빼고 싶은데 빠지지 않는다, 회사를 옮기고 싶은데 옮기지 못한다 등이 그 예다.

바꾸고 싶은 현실이 있지만 바꾸지 못할 때, 하고 싶지만 하지 못할 때는 반드시 그와 관련된 고정관념이 숨어 있다. 그것을 깨닫는다면 고민을 해결하는 데 도움이 될 것이다. 고정관념이 자신의 현실이라고 진지하게 믿고 있는 사람은 자기도 모르게 고정관념에 지배당하는 삶을 살게 된다. 의식적으로 고정관념과 현실을 구분하는 연습이 필요하다.

예를 들어 다음과 같은 고민에는 어떤 고정관념이 숨어 있는지 살펴보자.

〈고민과 고정관념〉

① 음식에 대한 호불호가 심하다. 무엇이든 잘 먹고 싶다.

　　→ '호불호가 심하다'라는 단정, '편식은 나쁘다'라는 고정관념

② 나는 끈기가 없다. 더 노력하는 사람이 되고 싶다.

　　→ '끈기가 없다'라는 단정, '노력은 좋은 것'이라는 고정관념

③ 더 멋있어지고 싶다. 예뻐지고 싶다.

　　→ '이런 것이 멋있는 것이다, 예쁜 것이다'라는 단정과 고정관념

④ 항상 늦잠을 잔다. 일찍 일어나고 싶은데 일어나지 못한다.

　　→ '늦잠을 자서는 안 된다', '늦잠을 자는 것은 손해다'라는 단정과 고정관념

이처럼 '최초의 고정관념'과 '그것에 저항하는 또 다른 고정관

념'을 명확히 하는 것이 중요하다. 그리고 그 고정관념을 버리면 된다. 좀 더 자세히 살펴보자.

고민의 근원이 되는 갈등은 두 가지 이상의 욕구 사이에서 방황하는 상태다. 갈등에는 세 가지 유형이 있다.

〈갈등의 세 가지 유형〉

① 근접 – 근접형: 둘 다 원하지만 하나만 선택할 수 있다.

예) 좋아하는 두 명 사이에서 고민한다.

② 회피 – 회피형: 둘 다 싫어서 피하고 싶은데 어느 한쪽을 선택할 수밖에 없다.

예) 재미없는 공부를 하는 것은 싫지만, F를 받아서 졸업을 못 하는 것도 싫다.

③ 근접 – 회피형: 하나의 대상과 상황에 좋은 면과 나쁜 면이 함께 있다.

예) 이 일은 급여는 높은데 수명이 단축될 것 같다.

특히 문제가 되는 것은 두 번째 갈등이다. 재미없는 공부는 하고 싶지 않지만, F를 받으면 학점 미달로 졸업을 할 수 없다. 공부도 피하고 싶고 졸업하지 못하는 상황도 피하고 싶다. 즉 양쪽 모두 싫지만, 공부를 선택하거나 낙제를 선택하는 수밖에 없다.

먼저 무엇과 무엇이 갈등을 일으키는지를 자각할 필요가 있다. 어떤 일로 고민하거나 스트레스를 느낄 때는 아직 깨닫지 못한 숨은 갈등이 있다. '학교에 갈 수 없게 됐다(실제로는 가기 싫어졌다)'라는 문제로 고민한다면 겉으로는 '가고 싶은데 갈 수가 없다'라는 갈등처럼 보이지만, 실제로는 '가지 않는 편이 좋다'라는 신념 또는 고정관념이 배후에 숨어 있을 가능성이 있다. 그러므로 사실은 '갈 수 없다'가 아니라 '가는 편이 좋다'와 '가지 않는 편이 좋다'라는 생각 사이의 갈등이 존재하는 것이다.

가고 싶다 ⇔ 갈 수 없다

가는 편이 좋다는 신념 ⇔ 가지 않는 편이 좋다는 신념

그리고 두 가지 갈등이 명확해졌을 때는 각각의 생각을 유발하는 근원(출발점)의 고정관념(신념)을 분석해서 밝혀내야 한다. 그런 다음 어느 쪽이 더 중요한지 저울에 올려본다. 이것을 '저울법'이라고 한다. 누구나 마음의 소리에 귀를 기울이면 알 수 있다. 포커싱에서 말한 감각 느낌이 바로 이것이다. 저울로 재서 조금이라도 중요한 쪽을 선택한다. 아무리 비교해도 완벽하게 같아서 결정할 수 없을 때는 제비뽑기로라도 결정하면 된다.

갈등의 정체성 찾아내기

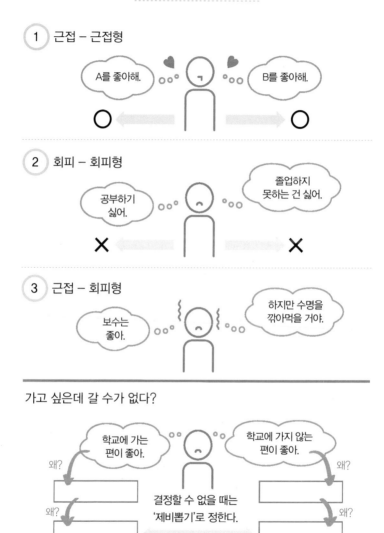

① 근접 – 근접형

A를 좋아해.

B를 좋아해.

② 회피 – 회피형

공부하기 싫어.

졸업하지 못하는 건 싫어.

③ 근접 – 회피형

보수는 좋아.

하지만 수명을 깎아먹을 거야.

가고 싶은데 갈 수가 없다?

학교에 가는 편이 좋아.

학교에 가지 않는 편이 좋아.

왜?

왜?

결정할 수 없을 때는 '제비뽑기'로 정한다.

왜?

왜?

고정관념

고정관념

고민거리가 사라지지 않는 사람의 유형

원론적인 이야기지만, 고민하는 것은 사실 '고민해서는 안 돼'라는 고정관념에 사로잡힌 것일 뿐이다.

'성질 급한 내가 싫다', '싫다고 분명하게 말하지 못한다', '사람들 앞에 서면 말을 하지 못한다' 등 대부분 사람은 다양한 고민을 안고 하루하루를 살아간다. 그러나 '뭐, 그러면 좀 어때?'라고 생각해보면 대부분의 고민은 가벼워진다.

'사실은 이렇게 하고 싶지만 현실에서는 할 수가 없다'라고 느낄 때 사람들은 보통 '이래야 해'라고 생각한다. 성질이 급한 사람은 그만큼 결단이 빠르고 행동력도 있다. 무리하게 고치려고 하지 않고 단점을 효과적으로 활용할 방법을 고민하는 편이 스트레스가 되지 않는다.

마찬가지로 '나는 끈기가 없다'라고 고민하는 사람은 '끈기가 없으면 좀 어때?'라고 생각해보자. 한 가지 일에 집중하지 못한다면 동시에 여러 가지 일을 하면 된다. 자기 멋대로 정한 규칙에 고통받는 사람은 다름 아닌 자기 자신이다. 자신의 사고를 가로막고 있는 것이 무엇인지 깨달으면 현실이 달라진다.

'고민하고 있다는 것을 고민하는' 사람도 있다. 예를 들어 가족의 문제나 친구, 회사에서 맺은 인간관계에 대한 문제는 물론 빨리 해결하는 편이 좋지만 시간이 걸리는 것이 사실이다. 고민은

'문제가 있어서는 안 된다', '빨리 해결해야 한다'라는 고정관념에서 기인하는 경우가 많다. 그러나 이 세상에는 그날의 고민이나 문제를 확실하게 해결하고 내일로 넘어가는 사람은 거의 없다. 만약 당신이 지금 문제를 안고 현실 속에서 고민하고 있다면 '고민해도 괜찮다'라고 발상을 전환해보라. 마음이 한결 가벼워질 것이다.

지금까지 말한 것은 모두 당신이 매일 긍정적으로 살아가도록 돕기 위한 방법론이다. 핵심은 '감정은 생각에 따라 바뀐다'라는 점이다. 부정적인 생각을 하면 당연히 짜증이 나고 주위 사람들에게 날카로운 태도를 취하기 마련이다. 그러나 생각을 바꾸면 마음이 훨씬 가벼워지고 어깨의 힘이 빠지는 순간이 찾아온다.

제6장

나를 지배하던 생각을
내 편으로 만들어라

사람은 그저 운명에 농락당하기만 하는 존재가 아니다.
자신의 운명에 책임을 지고 **자신을 치유하며 문제를
해결하는 능력**을 내면에 품고 있다.

고정관념을 이용하면
어떤 모습이든 될 수 있다

　지금까지 인생 각본을 바꾸기 위해 고정관념에서 벗어나자는 이야기를 했다. 그러나 모든 고정관념이 나쁜 것은 아니다. 고정관념을 활용하면 문제를 개선하고 성격을 바꿀 수 있고, 목표를 달성할 수도 있다. 그래서 지금부터는 앞서와 반대로 고정관념을 내 편으로 만드는 방법을 이야기하려고 한다.

　내 편이 되어주는 고정관념의 대표적인 예로 긍정적인 자기 암시가 있다. 자기 암시란 이루고자 하는 목표를 달성했을 때의 자신을 최대한 구체적이고 선명하게 이미지화하여 뇌에 입력하는 행위를 말한다. 즉, 미래의 자신을 머릿속에서 선명하게 예측하는 것이다.

　스포츠 세계에서는 가끔 기적처럼 생각되는 역전극이 펼쳐진다. 야구로 치면 9회 말, 축구로 치면 연장전에서 벌어지는 역전극이 그렇다. 이대로 가면 패배가 확정될 수도 있는 상황에서 끝까지 포기하지 않고 능력을 발휘할 수 있는 이유는 남들 이상으로 힘든 훈련을 해왔다는 자신감이 있기 때문이다. 그 자신감이 강하고 긍정적인 고정관념을 만들어낸다.

이른바 '플라세보 효과placebo effect'도 고정관념이다. 가짜 약이라는 사실을 알리지 않고 환자에게 먹였더니 실제로 증상이 개선된 사례는 드물지 않다. 무릎이 아파서 걷기가 힘들다고 호소하는 환자에게 무릎을 수술해주겠다고 말하고 메스를 댔다가 아무런 치료도 하지 않은 채 봉합했을 뿐인데 환자가 평소처럼 걸을 수 있게 된 사례도 있다. 근력 트레이닝도 그저 근육을 움직이기보다는 단련하고 싶은 부위가 일시적으로 파괴됐다가 '빠르게 회복'되는 모습을 떠올리면서 할 때 더욱 높은 효과를 볼 수 있다.

머릿속에서 상상할 수 있는 것은 실제로 재현할 수 있지만, 머릿속에 그리지 못하는 것은 재현할 수 없다. 인생의 목표나 꿈도 마찬가지다. 젊은이들은 '미래에 나는 이렇게 될 거야', '이것밖에 없어'라고 믿는다. 그러면 그 후의 인생에서 어떤 선택을 해야 할 때 '이쪽으로 가는 편이 꿈과 좀 더 가까워질 것 같아'라는 힌트를 얻을 수 있다. 진로나 취업 같은 중요한 문제부터 점심으로 무엇을 먹느냐 하는 작은 문제까지 꿈의 실현에 가까워지는 쪽을 선택한다. 이것이 쌓이고 쌓여서 결국 꿈을 실현시킨다.

앞에서 이야기한 '자기실현적 예언'은 긍정적인 방향으로도 작용한다. 부정적인 고정관념을 버리고 새로이 좋은 이미지를 믿으면 인생의 궤도가 수정되어 바람직한 방향으로 나아갈 수 있다.

성격을 바꾸는 네 가지 방법

성격은 바꿀 수 없다는 말을 자주 듣지만, 지금까지 설명한 대로 성격은 고정관념이 쌓여서 만들어진 것이다. '성격은 바뀌지 않는다'라는 것 자체가 고정관념이라고 할 수 있다.

먼저 '왜 나는 이런 행동 패턴을 보이는 걸까'를 제대로 분석해보자. 어떤 상황에서 반드시 어떤 행동 패턴을 보이는 것도 깊이 파고들면 배후에 '사람들은 나에 대해 틀림없이 이렇게 생각할 것이다'라는 고정관념이 있다. 불과 몇 명의 대인관계에서 겪은 일을 세상 사람 모두에게 적용해 과도하게 일반화한 것이다.

또 스스로 믿고 있는 자신의 성격과 이상적인 성격 간의 괴리가 크다고 느낄수록 바뀔 리가 없다고 믿게 된다. 성격이 바뀌지 않는다는 신념이나 고정관념이 단단히 자리 잡은 결과다. 그러나 성격은 전적으로 유전으로 정해지는 것이 아니며, 환경의 영향을 더 많이 받는다. 이 말은 환경이 크게 달라지면 행동 패턴이 달라질 가능성이 있다는 뜻이다. 그러니 입학했을 때나 회사를 옮겼을 때처럼 환경이 크게 바뀔 때 과감하게 행동 패턴을 바꿔보는 것도 한 가지 방법이다.

어쨌든 '성격은 바뀌지 않는다'라는 고정관념을 '성격은 바뀐다'라는 신념으로 바꿔볼 필요가 있다. 성격을 바꾸는 데 도움이 될 네 가지 방법을 소개한다.

① 행동을 바꾼다

성격에 따라 행동이 규정된다면 행동이 성격을 바꿀 수도 있다. 이것은 '일관성을 유지하고 싶다'라는 인간의 성질에 따른 것이다. 어떤 행동을 강제로 하면 자신의 내부에서 앞뒤가 맞도록 '나는 이런 인간이다'라는 식의 고정관념이 제멋대로 생겨난다.

자신은 원래 밝은 사람이 아니라고 생각하더라도 회사 사람들에게 열심히 인사를 해보자. 그러면 인사를 한다는 행동에 내면이 끌려온다. 그러다 보면 어느 날 사교적이고 밝은 사람이 된 자신을 발견하게 될 것이다.

목표를 달성할 수 있을 것 같다면 과감하게 행동해보자. 그리고 자기 행동을 제약하는 마음속의 다양한 금지령을 몰아내자. 행동을 하면 결과는 달라진다. 그리고 그 결과가 내면을 바꿔나간다.

성격은 행동 뒤에 따라온다. 의도적으로 좋은 사람처럼 발언하고 나면 자신에게 긍정적인 이미지를 품게 되며, 의도적으로 나쁜 사람처럼 발언하고 나면 자신에게 부정적인 이미지를 품게 된다. 즉 본심이 아니더라도 그렇게 행동하면 점점 본심처럼 되어간다. 그러므로 자신을 바꾸기 위해서는 행동을 과감하게 바꿔야 한다. 억지웃음이라도 좋으니 많이 웃자. 조금씩 긍정적으로 변하는 자신의 새로운 모습을 보게 될 것이다.

② '척'을 해본다

예전에 중국의 한 창업자가 프레젠테이션에서 애플의 스티브 잡스와 똑같은 옷을 입고 행동과 제스처까지 따라 해서 화제가 된 적이 있다. 아마도 많은 사람이 그를 단순한 흉내쟁이라며 비웃었을 것이다. 그러나 고정관념을 자신의 편으로 만든다는 의미에서 생각하면 '척'을 하는 것은 매우 효과적인 방법이다.

이상형으로 생각하는 사람을 따라 하면서 내면을 바꿔나가는 것을 심리학에서는 '모델링modeling'이라고 한다. 누군가를 따라 하다 보면 자신이 생각하는 이상형에 조금씩 가까워지고 어느새 뇌가 '그 모습이 나다'라고 믿게 된다.

신입 영업사원은 대개 처음에는 명함조차 제대로 건네지 못하고 거래처에서 여유롭게 잡담을 나누는 건 꿈도 못 꾼다. 그럴 때는 주위의 선배나 상사를 주목하자. 실적이 좋은 선배나 의지가 되는 상사는 어떻게 행동하고 어떤 이야기를 할까? 어떤 계기로 화제를 넓히고 그것을 어떻게 상담으로 연결할까? 그렇게 열심히 관찰한 후 실제로 그 사람이 했을 법한 말을 해보자. 처음에는 생각대로 되지 않더라도 신경 쓸 필요 없다. 언젠가 그것이 자신의 틀이 되고 자신에게 딱 맞는 옷이 될 것이다.

또 주의 깊게 관찰하다 보면 그 사람의 사고방식이나 사고 패턴도 보이게 된다.

'그였다면 이럴 때는 어떻게 할까?'

'그였다면 뭐라고 말할까?'

이런 것들도 생각하게 될 것이다. 그리고 생각의 결과를 실천으로 옮기는 사이에 당신의 뇌도 '이것이 나다'라고 믿게 된다. 그러면 예고 없이 방문해 모르는 사람에게 상품을 파는 방문 영업에도 서서히 익숙해질 것이다.

어쩌면 당신은 '그런 단순한 방법으로 성격이 바뀔까?'라고 생각할지도 모르겠다. 하지만 달리 생각해보자. 사람은 나쁜 고정관념 때문에 고민하는데, 그 역시 '단순한 것'에 불과하다. 뇌는 복잡한 반면, 이처럼 단순한 면도 있다. 좋은 고정관념이든 나쁜 고정관념이든, 대부분은 '단순한 계기'에서 비롯된다. 그것이 선순환되느냐 악순환되느냐의 차이가 있을 뿐이다.

③ 환경을 바꾼다

앞에서 잠깐 언급했지만, 지금의 환경에서 멀어지거나 새로운 환경으로 넓혀나가는 것도 효과적이다. 회사와 가정뿐인 사람은 지금까지 관심을 보이지 않았던 동아리 활동을 해보거나 강습을 받아보는 것도 좋다. 스트레스가 쌓이는 환경을 수많은 환경 중 하나에 지나지 않게 만드는 것이다.

기존의 인간관계를 끊고 새로운 인간관계 환경에 뛰어드는 것도 좋다. 진학이나 이직 등이 절호의 기회다.

④ 복장을 바꾼다

나폴레옹은 "사람은 복장에 걸맞은 인간이 된다"라고 말했다. 예를 들어 말끔하게 턱시도를 빼입고 집 안에서 빈둥대기는 어려운 일이다. 편한 운동복 차림으로 진지하게 프레젠테이션을 하기도 어려울 것이다. 직장인은 양복을 입으면 마음을 다잡게 되고, 경찰관도 제복을 입으면 긴장이 유지된다.

사람들에게 능력 있는 사람으로 비치고 싶다면 복장부터 바꾸는 것이 좋다. 드라이클리닝을 해서 주름 한 점 없이 깨끗하게 다려진 양복을 입고, 반짝반짝 빛나도록 잘 닦인 구두를 신는다. 이렇게 차림새만 바꿔도 분위기가 달라지고, 마음가짐도 서서히 달라진다.

이 방법의 좋은 점은 그저 옷을 입고 있기만 하면 된다는 것이다. 이 옷이 나에게 어울리는지를 고민하지 말고, 일단 내가 추구하는 모습에 걸맞은 복장을 갖춰보자.

일에 의욕을 쏟지 못할 때는 양복을 새로 맞춰보자. 기분이 말

끔하지 않을 때는 새 옷을 사서 입어보자. 자신을 바꾸고 싶을 때
일수록 평소에 자신이 선택하지 않는 옷을 골라서 입어보는 것도
좋다.

'할 수 없다'와 '할 수 있다' 사이의 벽

어학원이나 자격증 학원의 광고를 봤을 때 '지금 다시 영어 공부를 한다고 영어가 되겠어?'라고 생각하며 지나친 경험이 있지 않은가? 또는 강연에서 강사의 이야기를 듣고 공감하면서도 '나는 그렇게까지는 못 할 거야'라고 생각한 적은 없는가? 동경하는 CEO의 회고록을 읽고 대단하다고 생각하면서도 '나는 이렇게 되기는 힘들어'라고 생각한 적은 없는가? 만약 그런 적이 있다면 사실은 매우 큰 가능성을 외면하고 있는 것일지도 모른다. 왜냐하면 그 '할 수 없다'라는 고정관념은 '하고 싶다'라는 좋은 고정관념으로 바뀔 수 있기 때문이다.

'할 수 없다'라는 생각에는 항상 '하고 싶다'라는 마음이 숨어 있다. 만약 배우는 것에 관심이 없다면 '할 수 있다' 또는 '할 수 없다'라는 생각 자체를 하지 않았을 것이다. 관심이 있고, 하고 싶다고 생각하니까 할 수 없다는 생각으로 이어진 것이다.

그렇다면 왜 사람들은 '할 수 없다'와 '할 수 있다'라는 선택지 가운데 곧장 '할 수 없다'를 선택하며 제동을 거는 것일까? 고정관념이 마음의 벽을 만들어버렸기 때문이다. 이것을 심리학에서는 '멘털 블록mental block' 또는 '내제지內制止'라고 부른다.

이 마음의 벽은 사람의 과거 경험에서 만들어진다. 예를 들어 영어 공부나 자격증 공부를 '할 수 없다'라며 포기하는 사람은 과거에 부모 손에 이끌려 억지로 학원에 다녔지만 오래 계속하지 못했던 경험이 있을지도 모른다. 다이어트를 '할 수 없다'라고 생각하는 사람은 지금까지 몇 번이나 다이어트에 도전했다가 실패를 반복했거나 실패한 사람을 지켜본 경험이 있을지도 모른다. 그렇게 생긴 마음의 벽을 무너뜨리면 그 뒤에 숨어 있던 '하고 싶다'라는 마음이 드러나서 행동을 끌어낼 것이다.

마음의 벽 부수기

앞에서 소개한 포커싱이라는 방법은 이런 마음의 벽을 부수고 '하고 싶다'라는 마음을 끌어내는 데 도움이 된다. 마음의 벽은 '나는 그것을 하고 싶어. 하지만 하지 않을 거야'라고 갈등하는 상황이다. 여기에서 '하지 않을 거야'라는 부분을 포커싱한다. 자신의 마음속에 있는 '하고 싶다'를 주저하게 하는 것, 즉 '하고 싶지 않다'라고 생각하게 하는 것의 존재를 감각 느낌으로 깨닫는 것이다.

그런 다음 그 존재를 악당 취급하지 말고 '왜 하고 싶지 않은지' 이유를 찬찬히 들어본다. 마음의 벽을 만드는 주된 이유는 첫째 방어, 둘째 반항, 셋째 바라는 것이 따로 있다 등 세 가지다.

'나는 영어를 못한다'라고 생각한다고 해보자. 그러나 이것은 사실 영어를 못하는 것이 아니라 공부를 하지 않았을 뿐이다. 왜 공부를 하지 않았느냐면 학원에 다니는 것이 두려워서일지도 모른다. 서툰 영어 실력 때문에 웃음거리가 될지도 모른다는 생각 때문이다. 아니면 중간에 그만두면 돈만 낭비하게 된다는 생각에 학원에 등록을 안 했을 수도 있다. 이런 수치심이나 낭비에 대한 공포심을 방어하고 싶다는 심리가 발동하는 것이다.

아니면 '어렸을 때 억지로 영어 회화를 배워야만 했던 기억' 때문에 반항하는 것일지도 모른다. 또 영어 회화 공부에 시간을 할애할 바에는 자신이 몸담은 업계의 공부를 하고 싶다는 다른 바람이 있을 수도 있다. 포커싱을 하면 이처럼 본심이 보이게 된다.

본심을 깨달았다면 '사실은 어떻게 하고 싶은가?'라고 자신에게 물어본다. '영어를 잘하고 싶다'라는 대답이 돌아왔다면 학원에 다니거나 어학연수를 가는 등의 방법을 생각해보면 된다.

'할 수 없어'와 '하고 싶어'의 관계

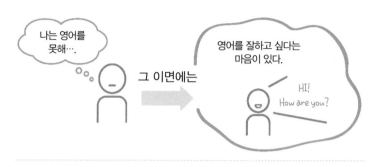

➡ 왜 '할 수 없어'라고 생각하게 될까?

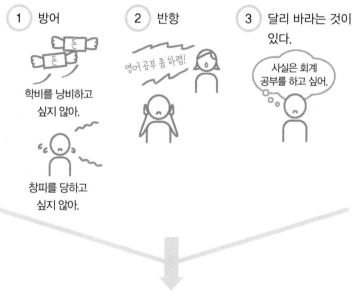

사실은 어떻게 하고 싶은가?

('할 수 없어'는 '할 수 있다'라는 증거다.)

바꾸고 싶은 현실이 있을 때는 고정관념의 정체를 깨닫는 것이 매우 중요하다. '할 수 없어'라고 생각하는 부분에는 언제나 자신이 만들어낸 기준이 있다. 그것을 세상의 기준이라고 생각할지도 모르지만, 그것을 받아들이는 순간 결국 자신의 기준이 된다. 자신의 기준은 얼마든지 바꿀 수 있다. 변화를 가로막는 것이 바로 자기 자신이기 때문이다.

빈 의자에 앉아 나를 읽는
시간을 가지자

이제 슬슬 우리가 함께한 여행도 끝이 다가오고 있다. 이제 인생 각본을 고쳐 쓰는 것에 관해 이야기해볼까 한다.

고정관념이라는 존재를 깨닫고 거기 사로잡히지 않는 사고법을 익힌다면 지금까지 자신을 불행으로 이끌었던 인생 각본을 자기 뜻에 맞게 바꿀 수 있다. 그러나 사람은 의식의 가장 깊은 곳에서 '나는 천성적으로 이런 사람이다'라고 믿고 있다. 물론 이것은 출발점의 고정관념일 뿐 별다른 근거는 없는 생각이므로 버리면 그만이다. 하지만 그러기가 쉽지 않기 때문에 인생 각본을 고쳐 쓰는 일도 쉽지 않다.

여기에서는 과거의 자신과 대화하고, 새로운 사고와 행동의 틀을 손에 넣는 방법을 알려주고자 한다. 이 작업을 본격적으로 하려면 의사나 임상심리사 같은 전문가의 도움을 받는 편이 좋지만, 당신이 혼자서도 할 수 있도록 '빈 의자'라는 방법을 소개하겠다.

누구나 자신의 마음속에 어린아이 같은 부분이 있음을 느낀 적이 있을 것이다. '사람들 앞에 나서기가 왠지 꺼려진다', '자꾸 지각을 하게 된다', '다른 사람들이 나를 싫어할까 봐 겁이 나서 항상 웃으려고 애쓴다' 등이 대표적이다.

심리학에서는 어른이 돼서도 어린 시절의 자신이 마음속에 남아 있다고 말한다. 마음속에 있는 어린 자신을 '내면 아이Inner Child'라고 부른다. 어른이 되어 현실에서는 어린 자신이 존재하지 않아도 마음속에는 영원히 어린 자신이 살고 있다.

누구든지 마음속에 내면 아이를 가지고 있다. 그리고 그 자체로는 아무런 문제가 없다. 문제는 내면 아이가 상처를 받았을 때 생긴다. 예를 들어 부모에게 매번 꾸중만 듣고 칭찬을 받지 못하거나, 밖에서 놀고 싶었는데 금지당하고 학원에서 공부만 해야 했을 때 아이는 상처를 받는다.

이렇게 어린 시절에 만족스럽지 못했던 기분이나 괴로웠던 경험이 있으면 그것이 상처 입은 내면 아이로 남게 된다. 그 상처 입은 내면 아이와 대화를 하고 상처를 치유해주면 인생 각본을 고쳐 쓰는 결과로 이어진다.

내면 아이와 대화하는 방법 중 하나가 '빈 의자'다. 눈앞의 의자에 어린 시절의 자신이 앉아 있다고 가정하고 대화를 해보자.

나와 마주하는 시간

이 작업은 아무도 없는 방에서 하는 것이 좋다. 먼저 의자를 두 개 준비하자. 의자에 앉은 자신의 맞은편에 또 다른 의자를 놓고 그곳에 어린 시절의 자신이 앉아 있다고 상상한다. 그런 다음 일인이역의 연극을 하듯이 대화를 진행한다.

당신: 나는 네가 좀 더 자신감을 가졌으면 좋겠어.

이렇게 말한 뒤에는 반대편 의자로 이동하여 어린 시절의 자신이라면 어떻게 대답할지 상상하면서 어린아이가 됐다는 생각으로 대답한다.

아이: 하지만 엄마가 '너는 몸이 약해', '너는 참 소심하구나'라고 말했어. 그래서 자신감을 가질 수 없어.

이제 다시 자신의 의자로 돌아가 그 말을 받아들인다.

당신: 그랬구나. 그 마음 이해가 가.

과거의 자신을 무작정 부정해서는 안 된다. 먼저 받아들이고

인정해주자. 그런 다음 거기에서 사고의 왜곡을 찾아내 교정해나
간다.

> 당신: 몸이 약하다고 했는데, 어디가 아픈 거야?
>
> 아이: 아니, 아픈 건 아니야. 그냥 너무 말라서….
>
> 당신: 그렇구나. 몸이 말랐을 뿐 다른 병이 있는 건 아니지? 달리기도 하
> 고 수영도 할 수 있지? 몸이 아주 건강한데?
>
> 아이: 음….
>
> 당신: 게다가 넌 소심하지도 않아. 너는 앞으로 사람들 앞에서 당당하게
> 이야기하고, 면접도 훌륭히 해낼 거야.
>
> 아이: 정말?
>
> 당신: 응. 몸이 약하다든가 소심하다는 건 다른 사람이 멋대로 한 말일 뿐
> 이야. 그런 말은 믿지 않아도 돼. 너는 강하고 당당하게 살아도 돼.
>
> 이이: 알았어. 좀 더 자신감을 가져볼게.

이처럼 빈 의자는 대화를 통해 자신만의 해결책을 스스로 생각
하고 깨닫는 방법이다. 언제나 부모에게 "너는 왜 이런 것도 제대
로 못 해?"라고 혼이 나서 위축됐던 자신에게 "괜찮아, 최선을 다
했으니까", "어른이 되면 저절로 할 수 있게 돼"라고 말해준다. 그
러면 상처를 입었던 내면 아이가 치유된다. 과거의 자신에서 해방
되는 것이다.

빈 의자와 대화하는 법

1 어린 시절의
   자신에게 말을 건다.

2 어린 시절로
   돌아갔다는 생각으로
   대답한다.

3 무조건 부정하지 말고
   일단은 받아들인다.

4 어린 시절의 자신에게
   고정관념임을
   깨닫게 한다.

5 상처 입은 내면 아이를
   치유해준다.

어떻게 인생을 살 것인가

내면 아이와의 대화를 통해 금지령이나 드라이버를 발견했다면 "그런 것의 영향을 받지 않고 어떤 인생을 살고 싶어?"라고 물어보자. 그렇게 해서 자신이 바라는 인생의 이미지가 떠올랐다면 그것을 구체화하기 위해 어떻게 해야 하는지를 생각하자.

예를 들어 '항상 자신감이 없고 다른 사람들의 시선을 신경 쓰는 나'라는 각본이 있다면, 그 원인으로 거슬러 올라가 보자. 자신이 가지고 있는 금지령의 근원이 된 것이 위압적인 부모라는 사실을 깨닫게 될 수도 있다.

이때 부모에게 자신의 의견을 당당하게 말하는 자신의 모습을 상상해보자. 부모가 "말대꾸하면 안 돼!"라고 하면 "내 이야기에 귀를 기울여줘요"라고 주장한다. "엄마는 항상 내 얘기를 들으려 하지 않잖아. 나는 그게 슬퍼"라고 자기 생각을 있는 그대로 말한다.

두렵고 무서운 부모에게 자신의 의견을 당당하게 말할 수 있었다면 학교에서 친구들이 놀릴 때도 "그러지 마!"라고 말할 수 있었을지 모른다. 집단 따돌림을 당했을 때도 맞서 싸울 수 있었을지 모른다. '이런 모습으로 살았다면' 하고 생각하는 이상적인 자신을 마음속에 그려본다. 그러면 직장에서 상사에게 불쾌한 말을 들었을 때 "그런 얘기는 안 하셨으면 좋겠습니다"라고 과감하게 말할 수 있을 것이다.

이런 변화들이 쌓이면 인생 각본이 '타인에게 당당한 나'로 수정될 것이다. 과거의 장면을 재현해 그 안에서 자신의 역할을 바꾸고, 또 다른 새로운 행동으로 어떤 문제를 해결할 수 있을지 계획할 수 있다. 사람은 그저 운명에 농락당하기만 하는 존재가 아니다. 자신의 운명에 책임을 지고 자신을 치유하며 문제를 해결하는 능력을 내면에 품고 있다. 이 점을 잊어서는 안 된다.

인생 '재설정'하기

과거의 장면을 머릿속으로 재현하고
자신의 역할을 바꿔간다.

인생의 재설정

당신에게는 무한한 가능성이 있다

당신의 고정관념이 유년기의 금지령과 드라이버에서 기인한다는 점을 이제는 잘 이해하게 됐으리라 믿는다. 그리고 인생 각본을 고쳐 쓰기 위해서는 내면 아이와의 대화가 필요하다는 점도 알게 됐을 것이다.

편안하고 익숙한 것들에서 벗어나 새로운 나로 살기를 다짐한 이들에게 마지막 당부를 남긴다. 과거의 일이 지금의 당신에게 절대적인 영향을 미친다는 고정관념에 빠지지 않도록 조심하길 바란다. 우리는 현재 상황을 파악할 때 '과거에 무슨 일이 있었는가?' 또는 '무엇이 원인인가?'를 묻기 마련이다. 그 질문의 의미를 다시 한번 생각해보자는 것이다.

과거에 원인이 있다고 자동으로 생각하지 말고, 지금 여기에 있는 자신에게 의식을 집중해보자. 이것은 과거에서 기인한 나쁜 고정관념에서 벗어나는 데 효과적인 방법이다. '과거에 무슨 일이 있었는가?'가 아니라 '지금 나에게 무슨 일이 일어나고 있는가?'를 주시하는 것이다.

심리학자 알프레드 아들러 Alfred Adler는 '현재의 나는 과거를 바탕으로 형성된다'라는 당시의 심리학 상식을 깨고 대담하게 새로운 이론을 제시했다. 그는 과거에 원인이 있다는 '원인론'이 아니라 앞으로 어떻게 하고 싶으냐에 따라 지금의 내가 있다는 '목적론'을 주장했다. 유전이나 교육 방식 등의 원인이 행동을 규정하는 게 아니라 미래를 향한 목적이 행동을 결정한다는 주장이다.

당신이 과거에서 원인을 찾고 과거의 탓으로 돌리는 것 자체가 고정관념일지 모른다. '지금, 여기'에 있는 자신을 깨닫고, '앞으로 어떻게 하고 싶은가?'라는 목적으로 시선을 옮길 때 과거라는 고정관념에서 벗어날 수 있다.

아들러의 저서 『인생에 지지 않을 용기』에 이런 문구가 있다.

사람은 과거에 속박된 것이 아니다.
당신이 그리는 미래가 당신을 규정한다.
과거의 원인이 '해설'은 될 수 있지만
'해결'은 되지 못한다.

모든 고정관념에서 벗어나면 자신의 인생 각본도 자유롭게 고쳐 쓸 수 있다. 당신의 인생은 무엇이든 그릴 수 있는 광활한 도화지와 같다. 우리는 무한한 가능성을 가지고 있다는 것을 항상 기억하며 자신이 원하는 각본을 쓰기 바란다.

맺음말

이제 기적 같은 인생을 음미할 시간이다

    아이는 슈퍼 히어로가 되기도 하고 엄마가 되기도 하면서 역할 놀이를 즐긴다. 이것은 고정관념을 가지고 노는 전형적인 예다. 그런데 사실은 어른도 비슷한 행동을 하며 인생을 즐긴다. 드라마를 보고 눈물을 흘리거나, 로맨스 영화를 보고 가슴 아파하는 것도 고정관념 때문이다. 만약 '어차피 픽션인데', '배우의 연기일 뿐이잖아'라고 생각해서 이야기에 몰입하지 못한다면 즐거움을 느낄 기회를 잃고 말 것이다.

    또 일상생활도 역할놀이의 연속이다. 예를 들어 연인과 이별했다면 마치 자신이 비극의 주인공이 된 것 같고, 세상에서 자신이 가장 불행한 사람인 것 같은 기분이 들 것이다. 또 중요한 업무를 성공적으로 마무리하면 하늘을 날 것 같은 기분이 되어 '내가 세상의 중심이다'라는 생각이 들지도 모른다.

고정관념이 지나치면 좋지 않다는 사실은 지금까지 계속해서 강조했다. 그러나 밑바탕에 고정관념이 있다는 것을 이해하면서 역할놀이를 즐기는 것은 인생에 즐거움과 깊이를 더해준다.

자신의 인생을 한 편의 연극에 비유하는 사람을 종종 볼 수 있다. 생각해보면 인생은 부모, 자식, 배우자, 직업, 성별 등 자신의 역할을 연기하는 역할놀이의 연장선상에서 '나'라는 극단이 공연하는 연극일지도 모른다. 가게의 점원들은 자신의 인격과 상관없이 예의 바른 태도와 높임말로 고객을 대한다. 이것은 점원이라는 역할을 연기하는 역할놀이다. 일이 끝나면 모두 또 다른 역할을 연기하는 새로운 역할놀이를 시작한다.

만약 지금 자신이 하는 일이 마음에 들지 않아 고민이라면 '어차피 역할놀이잖아?'라고 생각해보기 바란다. 고민이 조금은 가벼워질 것이다. 무작정 역할을 내팽개치고 자유를 찾아 떠나라는 의미는 아니다. 일을 하지 않으면 살아갈 수 없지 않은가. 그저 한 가지 역할에 자신의 소중한 인생을 속박당하지 말라는 얘기다. 내가 나의 역할을 연기하는 역할놀이를 하고 있다면, 상대 역시 역할놀이를 하는 셈이다. 어차피 역할놀이를 하는 연기자와 연기자의 관계라고 생각하면 그렇게까지 고민할 필요는 없다는 생각에 마음이 조금은 가벼워질 것이다. 그리고 휴일에는 자신만을 위한 역할놀이, 온전히 몰입할 수 있는 역할놀이를 통해 기분 전환을 하기를 권한다.

고정관념을 자각하고, 고정관념을 놓게 하자.

이 두 가시가 한 번뿐인 인생을 즐기는 비결이 아닐까 생각한다.

거듭 강조하지만, 행복한 인생을 사는 데 중요한 것은 '인지'다. 인생은 사실을 기반으로 결정되는 것이 아니다. 전쟁 중에도 행복한 인생을 사는 사람이 있는가 하면, 이렇게 풍요로운 시대에도 불행한 인생을 사는 사람이 있다.

〈인생은 아름다워〉라는 영화를 본 적이 있는가? 제2차 세계대전 당시 나치의 박해를 받는 아버지와 어린 아들의 이야기를 다룬 영화다. 주인공인 아버지 귀도는 힘든 상황에서도 전혀 슬픔을 드러내지 않는다. 아들 조수아가 겁을 먹지 않도록 우스꽝스러운 행동을 하며 하루하루를 즐겁게 보낸다. 상식적으로 생각하면 절망적이어야 할 수용소 생활을 귀도는 즐거운 게임으로 바꿔버린다. 이는 아들을 위해서이기도 했지만 귀도 자신을 위한 것이기도 했다. 아들이 다치지 않고 건강하게 살아남는 것이 아버지의 목표였기 때문이다. 그렇게 행동했기에 귀도는 죽기 직전까지 희망의 끈을 놓지 않을 수 있었다.

인생은 '인지'로 결정된다. 당신이 무엇을 믿고 어떤 마음을 먹느냐에 따라 인생이 결정된다. 인생은 무슨 일이 일어나느냐가 아니라 어떻게 생각하느냐에 달렸다.

"인생은 아름다워!"

어느 날 아침, 눈을 뜬 당신이 이렇게 말할 수 있다면 좋겠다.

불필요한 생각 버리기 연습

초판 1쇄 인쇄 2023년 5월 25일
초판 1쇄 발행 2023년 6월 1일

지은이 스즈키 도시아키
펴낸이 김선식, 이주화
옮긴이 양필성

기획편집 김찬양
디자인 JooNi
교정교열 공순례

펴낸곳 ㈜클랩북스 **출판등록** 2022년 5월 12일 제2022-000129호
주소 서울시 마포구 독막로3길 39 603호 (서교동)
전화 02-704-1724 **팩스** 02-703-2219
이메일 clab22@dasanimprint.com
인스타그램 instagram.com/clabbooks
페이스북 facebook.com/clabbooks

ISBN 979-11-980605-5-6 (03180)

(주)클랩북스는 독자 여러분의 책에 관한 아이디어와 원고 투고를 기다리고 있습니다.
책 출간을 원하시는 분은 이메일 clab22@dasanimprint.com으로 간단한 개요와 취지, 연락처 등을 보내주세요.
'지혜가 되는 이야기의 시작, 클랩북스'와 함께 꿈을 이루세요.